Le vieux cévenol (1779) ou anecdotes de la vie d'Ambroise Borély mort à Londres âgé de 103 ans sept mois et quatre jours

Jean-Paul Rabaut de Saint-Étienne

Toulouse, 1886

© 2024, Jean-Paul Rabaut de Saint-Étienne (domaine public)
Édition : BoD · Books on Demand, 31 avenue Saint-Rémy, 57600 Forbach, bod@bod.fr
Impression : Libri Plureos GmbH, Friedensallee 273, 22763 Hamburg (Allemagne)
ISBN : 978-2-3225-2452-5
Dépôt légal : Mars 2025

LE
VIEUX CÉVENOL

OU

ANECDOTES DE LA VIE D'AMBROISE BORÉLY

MORT À LONDRES ÂGÉ DE 103 ANS SEPT MOIS ET QUATRE JOURS

PAR
RABAUT SAINT-ÉTIENNE

AVEC UNE PRÉFACE

Par Charles DARDIER

NOUVELLE ÉDITION

UNE ASSEMBLÉE AU DÉSERT À LEQUE, PRÈS DE NÎMES, OÙ L'AUTEUR DU
« VIEUX CÉVENOL » PRÊCHA PENDANT PLUS DE VINGT ANS.

TABLE DES MATIÈRES

CHAPITRE PREMIER.
Origine d'Ambroise Borély ; histoire de son père et leurs infortunes

CHAPITRE II.
Situation de la mère d'Ambroise

CHAPITRE III.
Embarras d'Ambroise

CHAPITRE IV.
Parti que prend Ambroise

CHAPITRE V.
Misère de la mère d'Ambroise

CHAPITRE VI.
Ce qui arrive à l'oncle d'Ambroise

CHAPITRE VII.
Nouveaux embarras d'Ambroise

CHAPITRE VIII.
Ce que fit Ambroise

CHAPITRE IX.
Ce que vit Ambroise et ce qu'il entendit

CHAPITRE X.
Mort tragique de la mère d'Ambroise

CHAPITRE XI.
Ambroise veut sortir du royaume

CHAPITRE XII.
Ambroise est arrêté

CHAPITRE XIII.
Embarquement d'Ambroise

CHAPITRE XIV.
Ambroise échappe à un grand péril

CHAPITRE XV.
Nouvelles aventures d'Ambroise

CHAPITRE XVI.
Ambroise va au prêche

CHAPITRE XVII.
Mort de la femme d'Ambroise. Il a un procès pour son mariage ; il le perd et se retire en Angleterre

---

TOULOUSE. — IMP. A. CHAUVIN ET FILS, RUE DES SALENQUES, 28.

PRÉFACE

Rabaut Saint-Étienne, l'illustre fils de l'illustre pasteur du Désert Paul Rabaut, est couramment désigné aujourd'hui par cette simple appellation : « l'auteur du *Vieux Cévenol*. » De tous les ouvrages qu'il a composés, c'est bien, en effet, le plus populaire, le plus goûté, et celui qui gardera le mieux sa valeur comme histoire et comme style. Mais nous étonnerons sans doute bien des lecteurs, si nous ajoutons qu'on ne connaît pas précisément le texte de ce fameux conte historique affranchi de toute collaboration. Des huit éditions qui ont paru, une seule donne ce texte dans sa parfaite pureté ; elle supprime trois chapitres, les trois derniers, qui sont d'une main étrangère, et qui contiennent sur le mariage du Cévenol certains détails qu'il est inutile de mettre sous les yeux de tout le monde ; ces détails, du reste, détonnent avec l'œuvre primitive et personnelle de l'auteur. Or, cette édition n'est point connue ; elle n'est citée nulle part, ni dans aucun dictionnaire, ni dans aucune des biographies de Rabaut Saint-Étienne. Si donc nous fournissons la preuve de ces curieuses particularités bibliographiques[1], nous aurons établi la convenance et la nécessité d'une nouvelle édition du Vieux Cévenol. Notre désir, notre ambition serait de provoquer à cet égard une véritable réhabilitation littéraire à la mémoire de notre auteur.

Jean-Paul Rabaut dit Saint-Étienne[2] fut associé, en 1765, au ministère de son digne père dans la grande église de Nimes, bien qu'il n'eût pas encore vingt-deux ans[3]. De brillantes études poursuivies à Lausanne et à Genève pendant plus de treize ans[4], sous la direction de doctes et pieux professeurs, l'avaient rendu digne d'occuper ce poste d'honneur et de péril.

Il ne tarda pas à mettre son talent d'écrivain au service des églises sous la croix. Ainsi, il publia le *Discours* qu'il avait prêché au Désert devant douze mille personnes, le mardi 2 juin 1770, à l'occasion du mariage du Dauphin, duc de Berry, qui sera plus tard Louis XVI, avec Marie-Antoinette d'Autriche[5]. Ce *Discours* a été, croyons-nous, sa première œuvre imprimée, et il a eu quatre éditions : trois en 1770, et la quatrième, ou un second tirage de la troisième, en 1771[6]. Il n'y a pas de nom d'auteur, mais il est certainement de lui[7]. Pourquoi n'a-t-on pas alors entendu à la cour les vœux, discrètement mais chaleureusement exprimés par l'éloquent prédicateur, en faveur des protestants du royaume ? Pourquoi fallut-il encore attendre dix-sept années avant la promulgation d'un simple *édit de tolérance* ? La fête, à la fois religieuse et nationale, avait pourtant été célébrée avec un sincère enthousiasme par l'immense assemblée huguenote. Une lettre inédite de Paul Rabaut nous apprend en particulier que pour le chant du *Te Deum* « le chœur, composé d'environ soixante et dix personnes, chantait un couplet à quatre parties, et l'assemblée le couplet suivant sur le ténor, ainsi de suite, et que cette manière de chanter, qui était nouvelle, fit un très bel effet[8]. »

Bientôt après, sans doute, Saint-Étienne chercha à défendre d'une autre manière la cause protestante ; et il choisit, pour atteindre ce but, la forme du roman ou du conte, — roman toutefois parfaitement véridique dans ses plus incroyables détails, et qui s'appliquait à tout un peuple, sinon à un seul personnage. On connaît le plan que l'auteur s'est tracé. Dans la biographie fictive de son héros, qu'il fait vivre cent trois ans, sept mois et quatre jours, et qu'il appelle *Ambroise Borély*[9], il arrange les événements de manière à rappeler toutes les lois de proscription qui, depuis un siècle, frappaient les protestants de France dans toutes les circonstances de leur vie : dans leur naissance, leur vocation, leur commerce, leur industrie, leur liberté, leur mariage, leur mort et même, au delà du tombeau, dans l'héritage qu'ils laissaient à leurs enfants.

La première mention de ce projet de publication, qui resta « plusieurs années » à l'état de projet, se lit dans une lettre du futur auteur, adressée à son ancien maître de pension à Genève, et datée de Nimes, 21 septembre 1778. Saint-Étienne disait en post-scriptum : « Je laisse ouverte l'incluse et vous prie de la cacheter après l'avoir lue. Elle a rapport à une brochure que je fis, il y a plusieurs années, pour faire sentir l'absurdité barbare des lois portées contre les protestants de France. Je l'avais envoyée à Lausanne. Je prie mon ami Brugnion de vous la faire tenir ; et dans ce cas, proposez, je vous prie, à M. Chirol de l'imprimer, en nous réservant quelques exemplaires[10]. »

La brochure est restée manuscrite *plusieurs années*. L'auteur et quelques amis consultés n'avaient pas trouvé jusque-là que le moment fût venu de la lancer dans le public. Mais il en fut autrement à la fin de 1778. Le nouveau règne s'annonçait sous de favorables auspices. Les philosophes, les hommes de lettres, des magistrats éminents, des jurisconsultes distingués, des avocats de grand renom, avaient suffisamment préparé l'opinion publique. On savait, d'ailleurs, que la cour se préoccupait d'adoucir le sort des proscrits, notamment au point de vue du mariage. L'heure était propice. Que le *Vieux Cévenol* paraisse donc au plus tôt. Si un éditeur ne se rencontre pas à Genève, que le manuscrit soit envoyé à Paris ; là se trouve un ami qui connaît l'œuvre et qui saura la mettre sous presse. « Si je vous écris si promptement après la réception de votre dernière, » écrit Saint-Étienne à Chiron le 17 octobre 1778, « c'est pour vous prier qu'au cas où M. Chirol ou quelque autre n'ait pas voulu se charger de mon *Vieux Cévenol*, vous aurez la bonté de le faire passer à M. Duvoisin, chapelain de Son Excellence Mgr l'ambassadeur de Hollande, rue Poissonnière, à Paris.

Cette bagatelle a passé par ses mains, et M. Duvoisin croit que le moment est favorable pour le faire imprimer. Cet envoi presse un peu. Cependant je vous prie de tâcher de l'expédier par voie d'ami, pour éviter à M. Duvoisin les frais d'une chose qui n'en vaut peut-être pas la peine[11]. »

Cette « bagatelle » dont l'auteur, modestement, semblait faire si peu de cas, cette « chose » qui à ses yeux « ne valait peut-être pas les frais » d'envoi, eut pourtant du succès, nous le verrons. Quant au chapelain de l'ambassadeur de Hollande, Jean Duvoisin, il était bien placé pour apprécier cette plaidoirie en faveur de ses frères persécutés, car il avait épousé l'une des filles de l'infortuné Calas. Mais il ne fut pas nécessaire de recourir à son obligeance.

Chiron, en effet, remplit avec empressement la commission que lui avait confiée son ancien élève et ami ; et il réussit au delà de ce qu'avait espéré Saint-Étienne. « L'amitié, » lui répond celui-ci le 26 octobre, « est toujours adroite dans les moyens » d'obliger. Il ne pouvait rien arriver de plus heureux, à mon *Vieux Cévenol*, que de tomber entre les mains de M. Vernes, et je n'aurais jamais osé demander pour lui le service que vous lui avez obtenu. J'ai l'honneur d'écrire à ce digne pasteur pour le remercier d'une bonté qu'il ne me devait point. Vous m'obligerez en lui faisant tenir la lettre ci-incluse. Correction, changements, tout ce que M. Vernes fera ne peut manquer d'être bien fait. Je sais qu'il y a dans la brochure des négligences de style, et surtout une bigarrure dans l'ironie qui ne la distingue pas assez du sérieux ; mais je suis un paresseux pour la correction. Je fais ma besogne tout d'un jet, et n'ai plus le courage d'y toucher. Je suis plus heureux que je ne mérite, et c'est à vous que je dois ce bonheur[12]. »

Jacob Vernes, une des notoriétés littéraires de Genève, se mit à l'œuvre sans retard ; et nous verrons qu'il usa largement, — trop largement peut-être au gré de l'auteur, — de la permission qui lui avait été donnée. L'ouvrage s'imprima rapidement, et, dans une lettre du 4 janvier 1779, Saint-Étienne parle des moyens de le faire connaître au public et de le mettre en vente. Il avait été consulté sur ce point, qui est, chacun le sait, un point très important pour les éditeurs.

« Je suis surpris, » dit-il, « que vos libraires soient si embarrassés dans une affaire qui enfin est de leur ressort. Ils n'auraient pas dû attendre, à proposer l'ouvrage, qu'il fût imprimé, parce qu'ils s'exposent au danger des contrefaçons. Ces messieurs ont des ressources sûres pour débiter les livres, car tout se vend. Il faut en envoyer aux journaux ; il faut écrire aux principaux libraires de France et du pays étranger. » (Et il donne les noms de ces libraires et leurs adresses.) « On peut proposer aux libraires de Paris et de Lyon des échanges, ce qui est le plus sûr moyen pour déboucher[13] un grand nombre d'exemplaires, en prenant en échange des articles d'un bon débit.

« Pour faire passer les exemplaires qu'ils placeront dans ce pays, il y a deux partis à prendre : l'un de demander aux libraires de Nimes la voie qu'on pourra suivre pour leur adresser les exemplaires, attendu qu'il n'y a point ici de chambre syndicale ; l'autre moyen, c'est de s'informer auprès des libraires de Lausanne, Neuchâtel, Yverdon, lesquels font ici de continuels envois. Je ne veux pas paraître ici, afin de n'être pas connu pour l'auteur.

« Un grand point, ou même l'unique, c'est de faire bon compte aux libraires à qui l'on vendra cet article. Il ne peut que se vendre 24 sols au particulier, et pour cet effet il ne doit pas revenir plus de 15 sols au libraire, tous frais faits.

« Je vous prie de m'en envoyer un exemplaire par la poste, divisé en trois paquets sous ces trois adresses : À M. Lavernhe aîné pour M. Denis ; à MM. Lapierre frères pour M. Brunet[14] ; à M. de Saint-Étienne, à la Fontaine.

« Mille et mille excuses pour tant de peines que je vous donne. Présentez-les toujours, avec mes sincères remerciements, à M. Vernes. Je suis fâché de ne pouvoir pas donner plus de lumières sur le débit de cette bagatelle ; mais il me semble qu'il n'y a pas deux chemins, et que pour avoir le débit d'un livre, il n'y a d'autre parti à prendre que de le proposer aux libraires qui vendent des livres, et d'en faire dire du bien dans les journaux. Il me revient dans la mémoire que M. Duvoisin, de Paris, dont je vous ai donné l'adresse dans ma dernière, m'a offert ses services pour cet objet. On pourrait lui demander ses conseils pour le débit de Paris[15]... »

Les « trois paquets » arrivent à Nimes quelques jours après ; et voici le jugement formulé par Saint-Étienne, dans sa lettre du 25 janvier 1779, sur les modifications que Jacob Vernes a fait subir à son manuscrit. Il va nous révéler confidentiellement quelle fut la part de collaboration du pasteur de Genève, et ce qu'il en pense.

« L'ouvrage, dit-il, est bien exécuté, la correction typographique exacte, et un témoignage de la peine qu'elle a donnée à M. Vernes : on ne peut mieux imprimer. Quant aux changements faits dans le cours de l'ouvrage, ils doivent être bien, puisqu'ils sont d'une meilleure main que la mienne. Je n'aurais point, pour moi, filé les amours de Borély, et j'avais résisté à cette tentation, pour ne point trop écarter les déclarations du roi les unes des autres, et ralentir l'effet qui doit résulter de leur entassement. On a fait le Cévenol trop jeune à l'époque de son mariage, ce qui rejette cette aventure à l'an 1708 ou 1710, époque à laquelle il ne se faisait point de mariage au Désert. Cette partie paraît visiblement faite d'une autre main. Mais enfin je me suis dépouillé de toute propriété sur mon *Cévenol* en l'expatriant, et je prise trop peu cette bagatelle pour me plaindre. Tout ceci entre nous et sans aucune tache d'ingratitude ; c'est uniquement parce qu'il faut vous dire ce que je pense. Faites mes vrais et parfaitement sincères remerciements à qui de droit, et gardez pour vous ce que je viens de dire.

« J'ai regret pourtant au changement que l'on a fait au titre[16] : 1° parce que dans le titre doit être le sommaire d'un ouvrage, et qu'ici il n'y a nul rapport, ou que du moins il est fort éloigné et qu'on ne le découvre qu'avec une certaine peine d'esprit ; or le titre d'un livre ne doit pas être un logogriphe ; 2° parce que ce titre n'est point assez piquant et qu'il est comme mille autres ; 3° parce qu'il peut rebuter plusieurs acheteurs qui prennent un livre sur le titre, et que l'antiphilosophie de celui-ci le leur fera jeter là, à moins qu'on ne leur donne la clé ; 4° parce que le mien annonçait un roman ou un conte, et qu'il servait ainsi d'amorce à la frivolité des trois quarts des lecteurs. Il me semble d'ailleurs qu'il cadrait parfaitement avec ce que le livre contient, au lieu que quand on achète le *Triomphe de l'Intolérance,* » on s'attend à trouver des arguments et non des aventures. Enfin, c'est une affaire faite, et il n'y a point de remède... »

Ces révélations bibliographiques ont leur importance. Elles nous apprennent que le manuscrit original n'avait pas les trois derniers chapitres, c'est-à-dire les chapitres XVII, XVIII et XIX qui terminent la première édition de l'ouvrage imprimé. Ces chapitres sont par conséquent l'œuvre personnelle de Jacob Vernes. Or les critiques que Saint-Étienne exprime discrètement et en confidence à Chiron nous paraissent fondées. La partie ajoutée est « visiblement faite d'une autre main, » comme il le dit, et plus d'un lecteur aura éprouvé cette impression. Le roman finit logiquement et réellement à ces mots, qui étaient les derniers du manuscrit, et qui terminent le chapitre XVI de la première édition : « Ambroise se décida à repasser les mers et à aller chez les Anglais terminer sa carrière. » Et d'ailleurs, nous l'avons dit, quelques paragraphes du chapitre XVII, où sont racontés les incidents du mariage du Cévenol, sont d'un genre langoureux qui jure avec l'austère ordonnance de l'ouvrage et le caractère du héros, et que nous ne voudrions pas mettre entre toutes les mains.

En outre du titre changé et des trois derniers chapitres ajoutés, Jacob Vernes avait feint que ces *Anecdotes de la vie d'Ambroise Borély* avaient été « *recueillies par W. Jesterman,* » et il l'indiquait dans le titre. Il avait aussi ajouté ces mots : « *Ouvrage traduit de l'anglais, et trouvé parmi les papiers de M. de Voltaire.* » Ce philosophe était mort quelques mois auparavant, et son nom mis en vedette devait servir d'amorce aux acheteurs. Cette dernière fiction a été supprimée dans l'édition que nous reproduisons ; mais le nom de *Williams Jesterman* se retrouve dans la première page[17].

Rabaut Saint-Étienne avait traité son petit livre de « bagatelle ; » toutefois il fut impatient de connaître l'accueil qui lui serait fait par le public : un père n'est jamais indifférent au sort de ses enfants. Il écrit à Chiron, le 26 février 1779 : « Je souhaiterais de savoir la petite destinée de ma brochure par le monde, mais cela sans faiblesse paternelle. » Encouragé par le succès que ses amis de Genève s'empressèrent de lui annoncer, il revit son ouvrage en vue d'une nouvelle édition. Il tint compte aussi de quelques avis bienveillants qui lui furent donnés.

La seconde édition parut en 1784[18]. Elle rétablit le titre que l'auteur regrettait avec raison ; elle porte : *Le Vieux Cévenol*, et non : *Triomphe de l'Intolérance*. Mais les trois derniers chapitres ajoutés par Jacob Vernes ont été respectés. À si peu de distance de la première édition, il était difficile qu'il en fût autrement, puisque l'ouvrage avait fait son chemin avec cette surcharge, malgré son peu d'accord avec la vraisemblance historique et le caractère général de l'œuvre. On comprend aussi cette déférence à l'égard de son bénévole collaborateur.

L'importance de cette édition consiste dans les notes qui illustrent le texte. Elles étaient rares et courtes dans la première édition ; il n'y avait le plus souvent que la date de l'édit dont il était question. Mais ici les notes sont très nombreuses et très étendues. C'est là proprement le travail « *d'augmentation* » auquel Saint-Étienne dit, dans une de ses lettres, qu'il devait se livrer pour rendre son ouvrage plus digne du public. Pour nous, aujourd'hui, ces notes sont très instructives et nous les avons reproduites dans la présente édition à cause de leur intérêt et de leur haute valeur historique.

Est-il besoin d'ajouter que l'auteur a puisé ses renseignements à des sources absolument pures ? Nous avons de bonnes raisons de croire qu'il a pu compulser à loisir bien des documents qu'Antoine Court recueillait avec un soin pieux de tous les points du royaume et du refuge, et qui forment aujourd'hui l'un des trésors les plus enviés de la Bibliothèque publique de Genève. Quant aux édits de proscription sous lesquels gémissaient les protestants de France et qui sont rappelés dans le *Vieux Cévenol*, pas un qui ne soit, hélas ! authentique ; ils se trouvent dans l'un ou l'autre des quatre *Recueils* officiels : de Paris (1714), de Toulouse (1715), de Rouen (1729), de Grenoble (1752), que M. Léon Pilatte, directeur de l'*Église libre,* vient de rééditer en un beau et fort volume, pour le second centenaire de la révocation de l'édit de Nantes[19].

Une *troisième édition* fut bientôt rendue nécessaire. Elle parut en 1788, « *revue et corrigée*[20], » et ces deux derniers mots sont parfaitement exacts, car la revision est sévère et les corrections sont nombreuses et importantes. Les trois chapitres de Vernes sont biffés, et remplacés fort avantageusement par de vives peintures et des pages aussi éloquentes que spirituelles en faveur de la cause protestante, dont il fallait à ce moment enlever le triomphe. Saint-Étienne était depuis deux ans à Paris, envoyé par le consistoire de Nimes pour hâter la promulgation d'un édit de tolérance qui assurerait l'état civil aux protestants du royaume. Des documents authentiques, en partie inédits, nous apprennent avec quelle habileté, quelle persistance et quelle ardeur passionnée il s'acquittait de cette sainte et difficile mission. Pour surmonter tous les obstacles et entraîner les hésitants, il demanda à la presse de venir en aide à la parole ; il voulut agir sur l'opinion publique, alors si puissante, et il remit au jour son *Vieux Cévenol* sous une forme définitive[21]. Nous avons lieu de penser que les trente-trois dernières pages, toutes nouvelles (chapitres XVI et XVII), sont la réponse aux objections qu'il entendait faire autour de lui, même par des personnes sympathiques, contre les prêches au Désert, les grandes assemblées publiques et le chant des Psaumes. Il y a là du moins un surcroît de vivacité et d'entrain. C'est le digne couronnement d'une magnifique et victorieuse plaidoirie en faveur des églises persécutées.

Voilà l'œuvre de Rabaut Saint-Étienne pure de toute collaboration ; et il suffit de comparer un instant cette édition avec les précédentes pour en constater la supériorité à tous égards.

Aussi avons-nous quelque peine à nous expliquer que les trois éditions publiées dans notre siècle (1821, 1826, 1846) n'aient point reproduit cette *troisième édition revue et corrigée* par l'auteur ; quelque circonstance ignorée a dû survenir, qui en aura empêché la diffusion. Boissy-d'Anglas, en effet, en réimprimant le *Vieux Cévenol* dans le tome 1er des *Œuvres de Rabaut Saint-Étienne*[22], ne connaissait qu'une édition antérieure, et il la place vaguement et à tort « vers 1780[23]. » En réalité, c'est la seconde édition, celle de 1784, qu'il a reproduite. Et encore les épreuves ont-elles été fort mal corrigées : il y a plus d'une erreur de chiffre dans les dates, et les noms propres de personnes et de lieux sont souvent estropiés. — Dans l'édition de 1826, le *Vieux Cévenol* ouvre le tome II des *Œuvres de Rabaut Saint-Étienne, précédées d'une notice sur sa vie par M. Collin de Plancy*[24]. Elle reproduit l'édition de 1821 avec toutes ses fautes. — Quant à l'édition de 1846[25], elle copie avec la même fidélité l'édition fautive de 1821.

Mentionnons encore, pour que notre bibliographie soit complète, deux éditions qui ont paru dans le siècle dernier, au même moment sans doute que l'auteur préparait sa troisième, car elles donnent le texte de 1784 : l'une à Augsbourg, sous ce titre : *Justice et nécessité d'assurer en France un état légal aux protestants* ; avec la date : *L'an du rappel*, ce qui semble indiquer l'année de la promulgation de l'édit de tolérance ; — l'autre n'a pas de nom de lieu, mais elle doit être une contrefaçon étrangère comme la précédente ; elle a pour titre : *Anecdotes de la vie d'Ambroise Borély, ou le Vieux Cévenois, protestant retiré et mort à Londres, âgé de cent-trois ans, sept mois et quatre jours*. 1788[26].

On le voit, c'est un *Vieux Cévenol* très peu connu, pour ne pas dire inconnu, que celui dont on trouvera le texte dans le présent volume. À ce titre seul il valait la peine de signaler l'œuvre originale et personnelle de l'auteur, et de la remettre au jour dégagée de toute collaboration étrangère. En littérature, comme en toute autre chose, il faut que la fiction disparaisse pour faire place à la vérité historique sérieusement documentée. La plus modeste découverte à cet égard est un enrichissement du trésor commun auquel les amis des belles-lettres, n'importe leur religion, ne peuvent rester indifférents.

Aussi bien le moment de cette publication nous paraît opportun. Aux approches du centenaire de la Révolution de 1789, l'attention se porte volontiers sur le publiciste honnête et courageux qui joua un rôle considérable et bienfaisant dans nos assemblées nationales, comme orateur du grand parti des Girondins. On rappelle avec éloge et sympathie son amour d'une liberté sage et progressive, son horreur de tout excès et de tout despotisme d'où qu'il vînt ; et sa mort sur l'échafaud aux plus sombres jours de la Terreur est considérée comme un malheur public. On a même lancé dans la presse politique la proposition de lui élever une statue dans sa ville natale. L'éloquent plaidoyer en faveur d'un peuple proscrit, que nous remettons en lumière, ne peut donc qu'apporter un fleuron de plus à la couronne qu'on semble disposé à lui tresser.

On remarquera certainement le tour vif et incisif que l'écrivain a su donner à ce plaidoyer, la manière originale et puissante dont il flétrit l'odieuse barbarie des lois de proscription. Son ironie est mordante et va parfois jusqu'au sarcasme. Cette âpreté de style ne manque ni de relief ni de cachet, et elle force l'attention du lecteur. Elle était, croyons-nous, dans son tempérament, car il voyait tout d'abord le côté absurde, ridicule des choses, et volontiers il était satirique, comme il le reconnaît lui même dans une de ses lettres. Il était impossible de manier la verge avec plus de souplesse et de dextérité, et de mieux l'appliquer. Son style est d'ailleurs correct, facile, élégant et d'une pureté classique ; il s'élève, en certains endroits, jusqu'à l'éloquence ; on sent que c'est un orateur qui a tenu la plume.

Pour les protestants de France, le présent ouvrage, surtout dans sa forme nouvelle, doit offrir un intérêt particulier.

C'est pour eux qu'il fut composé il y a un siècle, pour eux qu'il sortit palpitant du cœur de l'un de ces hommes généreux qui défendirent leur cause avec autant d'intrépidité que d'éclat, et dans un moment où il y avait quelque mérite à le faire. La reconnaissance pour les services rendus aux pères ne doit elle pas être la vertu la plus élémentaire des enfants ?

Il est bon, d'ailleurs, il est salutaire pour notre piété que, suivant le conseil du prophète, nous nous enquérions des sentiers d'autrefois[27], sentiers douloureux que ces pères ont parcourus en gémissant, mais avec espérance. En voyant passer sous nos yeux cette longue série d'arrêts, de déclarations du roi et d'édits qui forment le code de persécution le plus complet et le plus effrayant que le génie du mal ait jamais inventé, nous serons parfois émus et troublés. Mais les bons exemples, comme les mauvais, sont contagieux ; et tout en bénissant Dieu qui a soutenu ces vaillants lutteurs dans leurs épreuves, nous sentirons sans doute monter à nos cœurs quelque désir de les imiter dans leur foi et leur héroïsme.

L'histoire à cet égard est une bonne éducatrice ; et la nôtre est si riche en saines et viriles traditions, qu'il suffit d'en dérouler quelques pages pour recevoir instruction.

En publiant le présent volume, nous avons pensé en particulier à notre jeunesse protestante, espoir de nos églises ; elle trouvera dans cette lecture profit et sérieux intérêt. Les circonstances au milieu desquelles elle grandit ne sont pas, grâce à Dieu, aussi tragiques qu'autrefois ;

mais elles sont toujours solennelles, parfois difficiles, et elle ne voudra pas laisser dépérir dans ses mains l'héritage spirituel que nos pères nous ont légué au prix de leur sang.

Charles Dardier.

1. ↑ Ces particularités, qui donnent raison au mot d'un poète latin : Les livres ont leur destinée (*habent sua fata libelli*), nous ont été révélées par Rabaut Saint-Étienne lui-même dans des lettres qu'il écrivit à Étienne Chiron, son ancien maître de pension à Genève, lettres inédites qui nous ont été gracieusement communiquées par Mme veuve Sérusclat, d'Étoile (Drôme), héritière de la riche et précieuse correspondance de Chiron père et de son fils Abraham, avec un grand nombre de pasteurs du Désert.
2. ↑ Le surnom de Saint-Étienne, qui lui resta désormais, lui fut donné par son maître de pension dès son arrivée à Genève (28 avril 1755), comme ceux de *Pommier* et de *Dupui* furent donnés à ses deux frères plus jeunes. C'était alors une nécessité politique. Le résident de France faisait encore trembler les magistrats de la Rome protestante, et il était prudent de lui cacher la présence, dans cette ville, des enfants d'un pasteur qui, au mépris des édits de proscription, persistait à exercer son ministère dans le royaume, et pouvait, par son incontestable influence sur les protestants du Languedoc, porter, sans le moindre motif toutefois, quelque ombrage au pouvoir.
3. ↑ Il était né à Nimes, le jeudi 14 novembre 1743.
4. ↑ Six ans et demi à Lausanne, du 6 janvier 1750 au 28 avril 1755, et du mois d'octobre 1763 à la fin de 1764 ; et sept ans à Genève, d'avril 1755 au milieu de 1762. Voyez dans la *Revue chrétienne* (livraison de février 1886) notre article sur *la première enfance et l'éducation de Rabaut Saint-Étienne*.
5. ↑ Ce mariage avait été célébré le vendredi 18 mai 1770.
6. ↑ Paul de Félice, *Sermons protestants prêchés en France de 1685 à 1795*. Paris, Fischbacher, 1885, p. 31.
7. ↑ Nous avons en main un exemplaire de la seconde édition, sur la première page duquel nous lisons ces lignes manuscrites : « Par M. Rabaut de Saint-Étienne, pasteur de l'église réformée de Nimes. Présent de l'auteur. »
8. ↑ Lettre à Étienne Chiron, du 27 juin 1770. Archives Sérusclat.
9. ↑ Ce nom est assez commun dans le bas Languedoc et les Cévennes.

10. ↑ Archives Sérusclat. Chirol était imprimeur-libraire à Genève.
11. ↑ Archives Sérusclat.
12. ↑ Archives Sérusclat.
13. ↑ Déboucher, dans le sens d'écouler.
14. ↑ Denis et Brunet étaient à ce moment les noms de guerre de Paul Rabaut.
15. ↑ Archives Sérusclat.
16. ↑ Vernes avait mis : *Triomphe de l'Intolérance,* au lieu de : *Le Vieux Cévenol.*
17. ↑ L'ouvrage porte la fausse indication : *Londres* 1779. En réalité, c'est à Genève qu'il fut imprimé. C'était un moyen de rendre moins difficile son entrée et sa vente dans le royaume. — C'est un in-8° de 118 pages, avec cette épigraphe : *Nec postera credent sæcula* (les siècles futurs ne le croiront pas).
18. ↑ In-8° de 115 pages. Il n'est pas dit que c'est une seconde édition, ce qui explique l'erreur que commettra plus tard Boissy-d'Anglas, dans son édition de 1821. Malgré l'indication : *À Londres,* il est probable que l'impression fut faite à Paris.
19. ↑ Un volume de LXXXII et 661 pages. Paris, Fischbacher, 1885. *Édits, déclarations et arrêts concernant la religion prétendue réformée.*
20. ↑ L'ouvrage fut certainement imprimé à Paris et sous les yeux de l'auteur ; *Londres* est une fausse indication.
21. ↑ Son intention perce à cet égard dans la courte et vive *Préface* qui ouvre le volume : « C'est ici, » dit-il, « la troisième édition du *Vieux Cévenol.* Les deux premières ont paru dans deux époques successives où le gouvernement semblait annoncer qu'il allait s'occuper du sort des protestants. Le public lut avec intérêt cette histoire, et les lois pénales contre les protestants ont été conservées.

    « Nous répétons cette édition dans un instant où l'attention publique, portée sur de grands objets, s'est tournée sur trois millions de citoyens, intéressants par leurs services et par leurs longues infortunes. S'il ne leur revient d'autre fruit de nos soins qu'une stérile compassion, si les lois pénales qui déshonorent notre patrie aux yeux de l'Europe et aux siens propres sont encore conservées, nous attendrons un autre moment, nous reviendrons à la charge, et nous ne cesserons de dire comme Caton : *Je conclus à ce que Carthage soit détruite.*

    « Ô Français ! Français, ne vous distinguerez-vous jamais que par une vaine loquacité ! Et faudra-t-il toujours vous appliquer cette sentence du vieux Lacédémonien bafoué par la jeunesse d'Athènes : *Ô dieux immortels ! les Athéniens savent ce qu'il faut faire, mais les Spartiates le font.* »

22. ↑ À Paris, 1821, chez Kleffer, rue d'Enfer, n° 2. C'est dans cette édition que le nom de l'auteur a été révélé pour la première fois : celles du siècle dernier étaient anonymes.
23. ↑ Avis de l'éditeur.
24. ↑ Paris, chez Laisné frères, éditeurs, rue Saint-André-des-Arts, n° 53.
25. ↑ Paris, librairie de L.-R. Delay, 2, rue Tronchet.
26. ↑ In-8° de 96 pages.
27. ↑ Jérémie, VI, 16.

LE VIEUX CÉVENOL

OU

ANECDOTES DE LA VIE D'AMBROISE BORÉLY

CHAPITRE PREMIER.

ORIGINE D'AMBROISE BORÉLY ; HISTOIRE DE SON PÈRE ET LEURS INFORTUNES.

Les papiers de Londres ont appris à l'univers la mort du sieur Ambroise Borély, né dans les Cévennes le 10 mars 1671, et mort à Londres le 14 septembre 1774, âgé par conséquent de cent trois ans, sept mois, quatre jours. Le nom le plus vulgaire devient célèbre, lorsque celui qui le porte est parvenu à cet âge avancé qui fait l'objet des désirs de tous les hommes. Mais il y a dans la vie de Borély des circonstances particulières qui ajoutent à cet intérêt, et c'est ce qui avait engagé M. Williams Jesterman, son ami, bon bourgeois de Spring-Garden, à recueillir les anecdotes de sa vie. Ce livre nous étant tombé entre les mains, nous le parcourûmes, il nous intéressa, et nous le mîmes en français, en usant de cette liberté honnête que doit avoir tout traducteur d'habiller les étrangers à la mode de son pays. Nous allons rapporter fidèlement cette histoire intéressante et singulière.

Ambroise Borély naquit en Cévennes, d'un bon bourgeois de ce pays-là, et fut l'aîné de sept enfants. Son père avait une fortune médiocre, et vivait modestement de son revenu ; visitant ses champs et ses prés ; allant de temps en temps à la chasse à pied, et précédé d'un seul chien ; dînant une ou deux fois toutes les semaines avec ses amis ; assistant régulièrement au prêche tous les dimanches ; et jouissant doucement du présent, sans inquiétude sur l'avenir. Louis XIV étonnait, alors l'Europe par sa magnificence et par sa gloire. Rien ne résistait à la force et au bonheur de ses armes ; ses généraux et ses ministres étaient ce qu'il voulait qu'ils fussent ; dans les fêtes brillantes qu'il donnait à sa cour, tout s'exécutait comme par enchantement ; les montagnes s'aplanissaient devant lui, et ses volontés étaient toujours ou devinées ou du moins exécutées avec une promptitude qui tenait du prodige.

On profita, comme tout le monde le sait, du goût qu'avait ce monarque pour arriver tout à coup à la fin sans se donner la peine de passer par les moyens, et de la persuasion où il était qu'il ne pouvait manquer d'être constamment

LE COMMANDANT ASSEMBLA TOUS LES HABITANTS DANS LA PLACE PUBLIQUE, ET LEUR DIT QU'IL ÉTAIT DESTINÉ À OPÉRER LEUR CONVERSION.

obéi, pour lui arracher la fameuse révocation de l'Édit de Nantes. Un bon Anglais ne doit point dire de mal d'une politique dont les suites ont été si avantageuses à sa patrie ; et en qualité de bon citoyen, je fais des vœux très ardents pour que l'on soit constamment persuadé, en France, que cette révocation fut un admirable coup d'État.

L'ordre étant arrivé qui indiquait le jour où tout le monde serait prié de se convertir, les troupes se mirent en marche pour appuyer cette prière. Toute la France savait quels prodiges avaient faits les dragons et les soldats ; et quand, dans la petite ville où demeurait Hyacinthe Borély, père d'Ambroise Borély, l'on apprit qu'il arrivait deux bataillons de missionnaires, l'alarme fut générale. Le commandant fit son devoir à merveille ; il assembla tous les habitants dans la place publique, et leur dit qu'il était destiné à opérer leur conversion, à l'aide de tous ces honnêtes gens qu'ils voyaient avec lui ; qu'il espérait bien qu'ils ne se refuseraient pas aux volontés du roi, mais que s'ils s'obstinaient à ne point rentrer dans le giron de l'Église, il les y attirerait par *plusieurs peines et calamités*[1]. Beaucoup de gens trouvèrent ce sermon d'une telle éloquence, qu'ils n'hésitèrent pas à faire ce que le commandant désirait ; mais un grand nombre d'entêtés fermèrent les yeux à la vive lumière qui brillait dans les arguments de ce missionnaire, et refusèrent de se convertir. Ce fut alors que la bride fut lâchée à tous ces convertisseurs, qui, pour le plus grand bien des hérétiques, les tourmentèrent avec autant de fureur que les démons tourmentent les damnés.

Nous ne pouvions ajouter foi à ce que nous racontait Ambroise des traitements dont il fut témoin, ou dont le récit était dans toutes les bouches. Tout était permis aux soldats pourvu qu'il fût dit qu'ils n'avaient pas tué leurs hôtes ; mais il leur était difficile de mettre d'assez justes bornes à leur zèle, pour conduire leurs victimes jusqu'aux portes du tombeau, sans les leur faire franchir. Ils entassaient violences sur violences. Ils versaient de l'eau bouillante dans la bouche des uns ; ils en étendaient d'autres tout nus devant le feu, ou leur faisaient ainsi tourner la broche ; ils faisaient tenir à d'autres des charbons ardents dans leurs mains fermées. Chaque maison offrait des supplices différents, selon le génie inventif des convertisseurs. Ici, on plongeait les gens dans des puits ; là on leur lardait des épingles dans les ongles, ou on leur brûlait de la poudre à canon dans les oreilles. On mit à plusieurs les jambes nues dans des bottines pleines de graisse, et on les faisait chauffer devant un grand feu jusqu'à ce qu'ils tombassent en faiblesse. On frottait avec du sel et du vinaigre les plaies qu'on leur avait faites ; on leur faisait dégoutter du suif ardent dans leurs yeux ; et pour tout dire en peu de mots, ce que la barbarie humaine a pu inventer dans la longue suite des siècles se trouva réuni dans cette circonstance.

Toutes les lois de la pudeur et de la nature furent violées par des soldats effrénés auxquels on avait donné l'exemple et le signal de la plus éclatante injustice. *Ordinairement*[2], on ôtait aux mères leurs enfants, et on leur laissait le poids de leur lait dont elles restaient incommodées. D'autres fois on les attachait à la colonne du lit, on mettait leurs enfants à quelque distance d'elles, on les faisait languir plusieurs jours dans cette situation, et du supplice de l'enfant on faisait celui de la mère. Les villes retentissaient des cris forcenés, des jurements des dragons, et des pleurs, des lamentations et des hurlements des huguenots. Les déserts les plus écartés ne pouvaient leur servir d'asile ; on leur donnait la chasse comme à des bêtes fauves, et on les ramenait pour les exposer à mille tortures.

Le plus indigne pillage accompagnait ces barbaries : les meubles, les ustensiles, les provisions étaient jetés dans les rues ; on mettait les chevaux dans les chambres de parade, on leur faisait des litières de soie ou de coton, on les couchait dans des draps de toile de Hollande ; on s'amusait à les nourrir des aliments destinés aux hommes, et l'on faisait souffrir aux hommes toutes les horreurs de la faim. Ces scènes, exécutées à la fois dans toutes les maisons, eussent fait croire que les cannibales s'étaient emparés de la France. Et quand enfin l'art de convertir fut perfectionné par un an d'exercice, il entra dans l'usage de la discipline militaire ; l'officier le faisait exécuter, et le soldat qui se relâchait ou qui montrait de la faiblesse était puni. C'est ainsi que tous les esprits étant agités par la même fureur, tous les cœurs étaient insensibles à la pitié. C'est ainsi que la France, dans ce que l'on appelle ses plus beaux jours, offrit un spectacle plus outrageant pour l'humanité que les scènes de la fureur espagnole en Amérique. La journée même de la Saint-Barthélemy fut moins horrible et moins déshono

LES VILLES RETENTISSAIENT DES PLEURS ET DES LAMENTATIONS

rante, car ce ne fut au moins qu'une journée, et la cour, qui avait donné ces ordres, les rétracta deux jours après ; mais le délire révocatif dura plusieurs années ; et s'il est vrai, comme on nous le dit, que les lois qu'il vit éclore ont encore en France leurs panégyristes, il est évident que ce vertige a conservé son influence pendant un siècle.

IL FUT TRAITÉ SI CRUELLEMENT, QU'IL EXPIRA
AVANT LA FIN DU JOUR.

La plupart de ces scènes étant répétées dans la ville qu'habitait Hyacinthe Borély, on comprend qu'il ne fut pas épargné. Quand ses provisions eurent été dissipées, sa femme fut chassée de sa maison, quoique sur le point d'être mère de nouveau, et fut suivie de ses enfants qui fondaient en larmes. La maison d'une de ses sœurs, libre en ce moment de dragons, lui servit d'asile. Hyacinthe Borély étant allé chercher les clés de sa maison abandonnée, fut arrêté par les soldats, suspendu à la cheminée, et traité si cruellement, qu'il expira avant la fin du jour. Ambroise était attaché aux pieds du lit, où il fondait en pleurs à la vue de cette horrible tragédie. Cependant les conversions étant assez avancées, et tout le monde étant ou catholique, ou mort, ou réfugié dans les bois, ou renfermé dans les cachots, les troupes se retirèrent, comme si de rien n'était, et allèrent répéter leurs arguments en quelque autre lieu. On écrivit à Louis XIV que tout le monde s'était converti de bonne grâce, et Louis XIV en fut pleinement persuadé[3].

1. ↑ Le discours de ce commandant ressemble beaucoup à celui que fit le lieutenant général de La Rochelle dans la même circonstance, et que Bayle rapporte. *Nouvelles de la République des lettres*. Novembre 1685, art. 4.

On avait persuadé à Louis XIV que, pour achever de convaincre les protestants de la vérité de nos dogmes, il fallait envoyer des dragons vivre chez eux à discrétion ; que leurs femmes et leurs filles aimeraient mieux se convertir que de rester exposées aux outrages des soldats ; et que les protestants reconnaîtraient sans peine les vrais successeurs des

apôtres, les vrais dépositaires de la foi de Jésus-Christ, dans les missionnaires qui marchaient à la tête des dragons. On ne trouve à la vérité, ni dans l'évangile, ni dans les épîtres des apôtres, aucun passage qui justifie cette manière de gagner les âmes.
2. ↑ C'est le terme dont se servent les historiens du temps (Benoît, *Histoire de l'édit de Nantes*, t. V, p. 893 et suiv., p. 917). Si on a le courage de lire cet historien, on y trouvera une foule de traits que nous épargnons à la pudeur et à la sensibilité de notre siècle.
3. ↑ On lit, dans les *Mémoires* de Dangeau, que le roi racontait tous les jours, à son lever, les rapides progrès des conversions, et s'applaudissait de leur extrême facilité.

CHAPITRE II.

SITUATION DE LA MÈRE D'AMBROISE.

À peine les troupes furent-elles sorties de la ville, que les protestants revinrent à leurs premiers sentiments. La moitié d'entre eux s'enfuit pour éviter les nouvelles peines dont ils étaient menacés ; plusieurs furent arrêtés aux frontières, condamnés à mort, ou à des prisons perpétuelles ; d'autres, connus pour avoir osé retourner à leurs erreurs, furent enlevés ; et dans l'espace de deux mois, cette petite ville, qui ci-devant était fort peuplée, fut réduite au tiers de ses habitants.

Cependant, la mère d'Ambroise, qui s'était cachée, revint chez elle avec ses enfants ; elle tâcha de sauver quelques débris de sa fortune, s'arrangea avec de nouveaux fermiers, parce que les siens avaient été ruinés ; acheta quelques meubles, ce qui n'était pas difficile, vu la multitude des fugitifs ; et, se tenant toujours renfermée chez elle, parvint à se soustraire quelque temps à la vigilance des curés. Ce fut dans ces moments de tranquillité qu'elle commença à ressentir davantage sa propre douleur, qui jusque-là avait été absorbée par la douleur générale. Elle se voyait seule, privée d'un époux vertueux et tendrement aimé ; chargée d'une famille nombreuse, éloignée du plus grand nombre de ses parents et de ses amis, qui avaient fui dans d'autres climats ; et n'ayant plus les ressources que lui procurait ci-devant une fortune qui suffisait aux besoins de sa famille. Les grandes peines font les grandes âmes. Quand on a été assez fort pour ne pas succomber à l'affliction, l'on se met au-dessus d'elle ; et rien ne contribue plus à l'entretien de nos forces que le sentiment que nous en avons. La veuve d'Hyacinthe Borély vit qu'elle n'avait plus de ressource que dans son courage ; elle se raidit contre l'infortune, et trouva dans les soucis que lui donnait sa famille de nouveaux motifs de fermeté.

Il faut confesser cependant qu'il y avait un genre de maux contre lequel elle n'était pas bien préparée. Ses enfants étaient la seule consolation qui lui restât, et elle tremblait qu'ils ne lui fussent enlevés. Dans ces temps où un seul oubli de la loi naturelle avait fait violer toutes les lois, on était persuadé que tout est permis pour faire entrer les gens dans le ciel, que la violence est charité, et que par conséquent le comble de la charité est dans le comble de l'injustice. Il n'y avait donc rien de tout ce qui nous paraît cruel qui ne parût alors humain et juste. Arracher un enfant à ses parents était un acte de bienfaisance ; et ces principes avaient été consacrés par des lois solennelles, que la France admire et chérit sans doute, puisqu'elle s'obstine à les garder.

Ces craintes, qui oppressaient le cœur de la mère d'Ambroise, ne l'empêchèrent point de chercher les moyens d'y échapper. Elle crut ne pouvoir rien faire de mieux que d'armer, par ses instructions, ses enfants contre les maux qui les attendaient. Ambroise, qui était l'aîné, profitait sensiblement de ses leçons, et elle avait la douceur d'apercevoir en lui, avec les traits de son père qu'il lui rappelait, le même caractère et le germe heureux des plus belles vertus.

CHAPITRE III.

EMBARRAS D'AMBROISE.

Ambroise avait déjà près de quinze ans, et il ne savait point de métier. Il lisait et écrivait très bien, grâces aux soins de sa mère et aux attentions de son oncle. On lui avait appris à craindre Dieu et à faire du bien aux hommes ; il était droit, franc, généreux ; sa physionomie prenait déjà un caractère intéressant, on y lisait la bonté de son cœur. Avec de telles mœurs et les talents qu'il annonçait, il n'y avait point d'état honnête qu'il ne pût embrasser. Il en était temps, et il y pensa lui-même. Mais il était embarrassé sur le choix. Cependant, comme son aïeul avait été un avocat très célèbre, et que cet état donne de la considération, surtout dans les petites villes, il se décida d'abord pour cette profession. Il alla donc trouver un praticien de sa connaissance pour lui faire part de sa résolution et le consulter ; il voulait l'engager à le prendre chez lui et à lui donner les premiers principes de son art. Le praticien lui témoigna beaucoup d'amitié, mais il lui dit que la profession d'avocat était interdite aux protestants[1], et que, par conséquent, il perdrait à étudier cette profession un temps précieux qu'il pourrait beaucoup mieux employer. Le jeune homme, étonné, et surtout très affligé de voir ses projets détruits, répondit que s'il ne pouvait pas être avocat, il voudrait du moins être procureur ou notaire, et qu'il espérait de pouvoir entrer chez lui pour y faire son apprentissage. Le praticien lui dit que cela ne se pouvait pas non plus ; qu'il y avait quatre ou cinq déclarations du roi qui interdisaient tous les procureurs protestants[2] ; que, d'ailleurs, il ne pourrait pas même le prendre pour clerc, vu qu'il y avait une autre déclaration du roi[3] qui défendait à tous les gens du palais de prendre aucun clerc protestant, sous peine de mille livres d'amende. « Mon ami, » lui dit-il enfin, « renoncez à entrer dans le palais et à revêtir la robe noire ; les lois ne vous permettent pas même d'être huissier, sergent, archer, ni recors[4] : le sanctuaire toujours pur de la justice ne doit point être souillé par l'odieuse hérésie. » Ambroise, qui avait beaucoup de jugement pour son âge, trouva si singulier que les opinions des protestants fussent un motif pour les exclure de l'étude de la chicane, que tout son chagrin s'évanouit, et qu'il sortit de chez le praticien en riant de toutes ses forces. « Allons, » dit-il, « trouver un médecin ; il vaut encore mieux employer sa vie à guérir les maladies des hommes qu'à s'occuper de leurs querelles et de leurs folies. »

Arrivé chez le médecin, Ambroise, qui riait encore, lui raconta son aventure, et lui dit qu'il s'estimait heureux d'être ainsi repoussé par les déclarations du roi, puisque cela le conduirait à embrasser une profession infiniment plus noble et plus utile. Le médecin convint avec lui que son état était le plus honorable de tous. « Mais plus notre profession est noble et relevée, » lui dit-il, « plus on doit en écarter, avec soin, de misérables hérétiques qui souilleraient par leurs opinions erronées la pure vérité, l'âme de la médecine ; aussi, le père La Chaise et Monseigneur de Louvois ont-ils ordonné que, pour être bon médecin, il fallait être catholique[5]. » Ambroise, qui n'était pas instruit, lui demanda si Esculape, Hippocrate et Galien étaient catholiques. « Non, » lui répondit le docteur, « ils étaient païens, et je ne sais pas comment Dieu permit qu'ils devinssent si habiles ; mais cela arriva du temps des miracles ; et comme il ne s'en fait plus aujourd'hui, il est clair qu'il n'y a que les catholiques qui puissent être médecins. — Il y a donc aussi, monsieur, quelque déclaration du roi qui défend de recevoir des médecins protestants ? — Oui, mon ami : elle est du 6 août 1685, et c'est là une preuve admirable de la sagesse du père La Chaise ; car, entre nous, je ne vois pas qu'un protestant ne puisse fort bien exercer la profession d'avocat ; pour juger si une cause est bonne ou mauvaise, il n'importe de quelle religion l'on soit ; mais un médecin protestant est une peste dans la société. S'il y en avait encore ici, ce serait la source de deux maux : 1° je travaillerais peut-être moins, ce qui serait très pernicieux au public ; 2° la profession d'avocat vous étant interdite, le nombre des médecins de la religion prétendue réformée augmenterait si considérablement, que peu de catholiques s'attacheraient à cette belle science. Or, il est aisé de voir que cela serait, dans la suite, très préjudiciable au salut de nos malades, parce que les médecins de la religion prétendue réformée ne se mettraient guère en peine *de les avertir de l'état où ils se trouveraient, pour recevoir les sacrements*[6]. La grande piété du Rév. Père le porte à pourvoir, avec une sagesse profonde, au salut des fidèles ; car il ne songe point à agrandir sa Société, ni à étendre l'autorité de Rome ; ce n'a jamais été le but des Jésuites ; ses vues ne se portent point vers la terre, mais vers le ciel, où il veut vous pousser malgré vous. Quant à moi, j'approuve de tout mon cœur cette déclaration du roi ; avant qu'elle parût, je mourais de faim ; il y avait ici trois vieux radoteurs qui faisaient tout : ils sont passés en Angleterre ou en Hollande ; me voici seul, et il faut bien qu'on vienne à moi. » Ambroise admirait comment les lois, qui ne sont réellement bonnes qu'autant qu'elles font le bonheur général, ne le paraissent cependant à chacun de nous qu'à proportion de ce qu'elles favorisent notre intérêt particulier, et il admirait encore davantage qu'il fallût être catholique pour avoir la permission de guérir. « Si j'étais malade, » disait-il, « je ne demanderais pas de quelle religion est mon médecin ; je demanderais seulement s'il est habile ; mais le père La Chaise a ses raisons pour penser autrement. »

Tout en réfléchissant là-dessus, Ambroise sortit de chez le docteur, et, comme sa tête était remplie de plusieurs belles choses qu'il lui avait dites sur l'excellence de la médecine, il lui prit envie d'entrer dans la pharmacie. « Ici, » dit-il, « je ne trouverai pas les mêmes difficultés ; les apothicaires ne sont pas consultés par les malades, et, par conséquent, ne peuvent pas empêcher qu'on ne leur porte les sacrements. La vente des drogues et la distribution des remèdes n'influent en rien sur la foi et sur le salut, et les Jésuites, qui sont si zélés pour le bonheur éternel des âmes, ne nous auront pas défendu cette modeste profession. Il est vrai qu'elle n'est pas aussi honorable, et que j'aimerais mieux, sans doute, donner des ordonnances que les exécuter ; mais enfin, ma religion m'exclut des honneurs, et il faut se soumettre à sa destinée. » Il finissait à peine ses réflexions, qu'il se trouva devant la boutique d'un apothicaire. Son parti était pris. Il entra et se présenta au maître avec une douceur tout à fait intéressante. On lui demanda ce qu'il souhaitait ; il le dit avec franchise, et ne manqua point de raconter son embarras, et comment, ne pouvant être ni avocat, ni procureur, ni huissier, ni notaire, ni assesseur, ni opinant, ni sergent, ni archer, ni médecin, il venait demander s'il serait possible qu'il fût apothicaire. Il exposa, avec une innocence enfantine, les raisons qui lui faisaient croire qu'un protestant pouvait vendre de la casse sans exposer le salut de ses voisins ; mais on le convainquit bientôt qu'il se trompait. « Encore une déclaration du roi ! » s'écria le pauvre Ambroise. « À peu près, mon ami : c'est un édit du roi du 15 septembre 1685, qui défend à tous chirurgiens et apothicaires de la R. P. R. de faire aucun exercice de leur art. » — « Mais quelle peut être la raison de cette défense ? » — « C'est que les apothicaires, étant appelés cinq ou six fois dans l'année à aller voir des malades, et ayant fait des études de théologie, pourraient, par leurs arguments, *détourner les protestants d'embrasser la religion catholique*[7]. Ainsi, il est prudent, pour le salut des susdits malades, qu'il n'y ait que des catholiques qui les approchent. »

Ambroise, qui ne s'était pas douté de ce motif, lui repartit : « Si cela est ainsi, il faut donc que ceux qui environnent un malade soient catholiques ; que ses domestiques le soient aussi ? — « Sans doute, dit l'apothicaire ; « aussi y a-t-il une déclaration du roi qui défend à ceux de la R. P. R. d'avoir d'autres domestiques que des catholiques[8]. Vous comprenez bien que ce sont là autant d'espions qui sauront tout ce qui se passera dans vos maisons, qu'on le leur fera révéler dans les confessionnaux, et que les Jésuites ne manqueront pas d'instruire de tout le Rév. père La Chaise. » — « Encore le père La Chaise ! » dit Ambroise, « et c'est donc lui qui dresse toutes ces déclarations ? » — « Oui, mon ami ; c'est par zèle pour le salut de nos âmes qu'il prend tant de précautions pour détruire l'hérésie. C'est pour cela que toutes les sages-femmes protestantes sont interdites de leurs fonctions par une déclaration du roi[9]. Il est vrai qu'en plusieurs endroits il n'y en a point d'autres, et que beaucoup de femmes, en mettant au monde leur enfant, sont mortes sans secours ; mais elles ne sont mortes que de la mort temporelle, ce qui est un très petit mal pour l'État. Il y a, comme vous voyez, du monde de reste en France, puisque l'on en tue et que l'on en bannit une si grande quantité. Autrefois, l'on croyait que la force d'un empire consistait dans sa population ; mais on est bien revenu de cette folie, et les Jésuites ont prouvé qu'un État ne peut manquer de prospérer si le confesseur du roi est jésuite, et si l'on y est respectueusement soumis aux volontés de Rome. » — « En sorte, » dit Ambroise, « que le royaume d'Angleterre doit nécessairement périr, et que les Anglais ne nous battront jamais ? » — « Ils nous battent, à la vérité, aujourd'hui, » dit l'apothicaire ; « mais c'est pour nous punir de nos péchés et pour nous empêcher de nous livrer à l'orgueil qui marche à la suite de la victoire que Dieu trouve à propos de leur donner, et le Saint-Père nous dit que s'ils triomphent sur la terre nous triompherons dans le ciel. »

Ambroise, qui avait couru toute la journée, était extrêmement fatigué ; son esprit, rempli de toutes les difficultés qu'il avait rencontrées, était si préoccupé, qu'il n'écoutait plus ce qu'on lui disait. Il tira sa révérence de moins bonne grâce qu'il ne l'avait fait en entrant, et retourna chez lui très embarrassé du parti qu'il pourrait prendre. « Enfin, » disait-il, « il ne faut pas se décourager ; peut-être reste-t-il encore deux ou trois professions à exercer ; qui sait s'il n'y a pas quelque moyen de vivre dans le monde, sans être médecin, chirurgien, accoucheur, apothicaire, avocat, procureur, notaire, huissier, sergent, recors, fermier du roi, directeur, contrôleur, commis, garde, employé, fermier des gens d'église, féodiste, expert, etc., etc., etc.[10] ? »

1. ↑ Déclaration du roi, du 11 juillet 1685, « portant qu'il ne sera plus reçu d'avocats de la R. P. R. » Arrêt du Conseil du 5 novembre 1685, « portant défenses aux avocats de la R. P. R. d'exercer leurs fonctions. » — Déclaration du roi, du 17 novembre 1685, « pour interdire les fonctions d'avocats à ceux de la R. P. R. »
2. ↑ Du 15 juin 1682, « pour exclure ceux de la R. P. R. d'exercer les offices de notaires, procureurs, huissiers et sergents. »
3. ↑ Du 10 juillet 1685 : « portant défense aux juges, avocats et autres, d'avoir des clercs de la R. P. R. »
4. ↑ Déclaration du roi, du 15 juin 1682.
5. ↑ Boerhaave et Sydenham n'auraient pu, en France, ordonner légalement une médecine ; Chéselden n'y eut pu faire l'opération de la cataracte, ni Margraaf y préparer l'antimoine.
6. ↑ Ce sont les motifs de l'édit du roi.
7. ↑ Ce sont les motifs mêmes de l'édit du roi.
8. ↑ 11 janvier 1686. La peine, pour les maîtres, était de « mille livres d'amende pour chaque contravention ; » et pour les domestiques, « les hommes aux galères, et les femmes au fouet et à être flétries d'une fleur de lys. »
9. ↑ Du 20 février 1680. — Le 27 septembre 1748, la femme d'Antoine Fesquet, du lieu de Ganges, fut condamnée à trois mille livres d'amende pour avoir exercé la profession de sage-femme.
10. ↑ Pour admettre un protestant dans tous ces états, comme pour l'admettre au mariage, on se contente de quelque acte de catholicité, attesté par des témoins peu scrupuleux, et d'un certificat qu'il est aisé de se procurer à bon marché. Mais il en résulte cette triste conséquence, que les places, les honneurs, les droits de citoyen, tous les témoignages de la confiance publique, en un mot, sont pour les protestants qui ont trahi leur conscience, ou qui regardent tout acte de religion comme une vaine cérémonie ; tandis que l'on punit ceux qui ont une conscience timorée, ou une âme trop élevée pour consentir à l'ombre même d'un mensonge.

CHAPITRE IV.

PARTI QUE PREND AMBROISE.

Notre jeune Cévenol dormit très peu cette nuit-là et la passa tout entière à chercher quelle profession il pouvait embrasser. Après avoir parcouru celles qui restaient, il s'arrêta à l'état militaire. Sa mère était à peine levée qu'il entra dans sa chambre, et, après lui avoir raconté toute sa fâcheuse journée de la veille et l'embarras où il était pour le choix d'un état, il lui demanda ce qu'elle pensait de celui du service, et si, avec de la sagesse et du courage, il ne pouvait y faire son chemin ; que, du moins, il n'était pas interdit aux personnes de sa religion. « J'espère, mon fils, lui dit alors sa mère, « que, dans le choix d'un état, vous ne ferez rien sans me consulter. Je veux vous laisser libre, sans doute ; mais vous avez besoin de mon expérience. Ce sont des conseils et non des ordres que je veux vous donner. Il est vrai, mon fils, que la profession militaire n'est pas directement interdite aux protestants ; mais le roi s'est expliqué en déclarant que ses grâces ne seraient réservées qu'aux seuls catholiques ; or, comme les grâces d'un prince ne doivent être que des actes de justice et des récompenses, c'est comme s'il avait déclaré qu'il ne récompenserait point les services de ses sujets protestants. Vous voyez donc qu'il n'y a point d'avancement à attendre pour vous ; et, en effet, les officiers protestants languissent tous dans des emplois subalternes ; l'on est parvenu à les dégoûter de leur état ; ce qui, avec les persécutions, a beaucoup contribué à en faire sortir un grand nombre du royaume. Ils ont passé dans les pays étrangers, où l'on en a composé plusieurs régiments[1]. Vous ignorez, d'ailleurs, mon cher fils, les désagréments qu'ils ont à essuyer avec leurs camarades et les disputes qu'il faut avoir sur la religion ; car l'imprudence qu'a eue le gouvernement de persécuter les protestants a rallumé l'esprit d'animosité qui était presque éteint. Il se joint à cela un intérêt personnel, en ce que ces officiers chercheront à s'avancer à votre préjudice, et qu'il leur importera que vous soyez mis de côté. Enfin, mon fils, si vous prenez le parti du service, il faudra vous résoudre à exécuter un jour vous-même les horreurs sous lesquelles nous avons gémi, et qui ont jeté la désolation dans votre malheureuse famille. Vous voyez les troupes du roi inonder cette province. Un jour viendra où vous serez mis en garnison dans ces cantons désolés ; un supérieur barbare prendra plaisir à vous charger d'ordres sévères contre vos propres frères ; vous ne pourrez les exécuter sans gémir ; vous, brave homme, vous serez envoyé contre des gens désarmés ; vous ferez la fonction d'exécuteur et d'archer ; vous verrez vos soldats, qui ne devraient être employés qu'à repousser les ennemis de la patrie, s'acharner contre des vieillards, des femmes, de petits enfants ; spectateur forcé de ces barbaries, vous détournerez la tête en soupirant, et vous direz : « *C'est ainsi qu'autrefois j'ai vu tourmenter ma propre famille ; voilà les maux auxquels mon vénérable père a lui-même succombé...* »

Ambroise ne put soutenir cette image cruelle ; il jette un cri de douleur, prie sa mère de ne pas lui en dire davantage, et lui proteste qu'il renonce absolument au service. « Conseillez-moi, » lui dit-il ; « vous voyez mon embarras : plusieurs fois j'ai désiré de quitter mon ingrate patrie ; mais la pensée de vous laisser seule dans cette terre proscrite m'en a toujours détourné ; mes maux me semblent plus doux lorsque je les associe aux vôtres. »

« Vous sentez-vous, » lui dit alors sa mère, « ce courage si nécessaire aux infortunés, et croyez-vous que toute profession soit honorable, lorsqu'on s'y conduit en honnête homme ? » — « J'entends, » dit Ambroise ; « il faut descendre de mon état ; il m'en coûtera, sans doute ; mais si je réserve ma religion et ma conscience, j'aurai tout gagné. Des infortunés comme nous ne peuvent pas se repaître de projets ambitieux ; que je vive pour vous consoler : voilà désormais à quoi tendra toute mon ambition. » — « Je m'attendais à cette réponse, Oui, mon fils, il faut prendre un métier, et, dans le choix, il faudra consulter notre conscience et notre fortune. Allez ; vous connaissez M. de S... ; il est de nos amis ; demandez-lui des conseils, et, quoi qu'il arrive, ne perdez jamais de vue ce que vous devez à Dieu, à votre religion et à la plus tendre des mères. »

Ambroise sortit pour aller consulter son ami. Celui-ci l'étonna beaucoup, en lui apprenant qu'il n'y avait aucune profession noble qui ne fût interdite aux protestants : qu'ils ne pouvaient encore être ni *imprimeurs,* ni *libraires,* ni *orfèvres*[2], et que, quant aux métiers manuels, ils leur étaient pareillement interdits, quoique, à la vérité, d'une manière indirecte ; qu'il aurait de la peine à trouver des artisans qui voulussent le prendre pour apprenti, parce que les ordonnances, très sévères en ce point, défendaient aux artisans protestants de prendre des apprentis de leur secte[3], et qu'apparemment il répugnait à entrer chez un maître catholique.

« Expliquez-moi, je vous prie, » lui dit Ambroise, « la cause de ces lois injustes. Je ne puis pas croire que le roi soit instruit de ces iniquités, et qu'il se plaise à donner des déclarations qui gênent la liberté de ses sujets, les réduisent à la mendicité et les forcent à abandonner leur patrie. » — « Je vous le dirai, » repartit son ami ; « le roi ignore, en effet, une partie des cruautés que l'on commet en son nom, et peut-être ferme-t-il les yeux sur l'injustice du reste. Il est malheureux pour lui qu'il connaisse si peu les véritables intérêts de ses peuples, et qu'il ne sente pas qu'en leur faisant des violences inutiles, il déshonore la fin d'un des plus beaux règnes dont l'histoire fasse mention, et qu'il fait passer sa richesse et sa gloire chez ses ennemis. Mais ce qu'il y a de plus déplorable, c'est que, tandis que l'Europe entière voit bien que les Jésuites sont les auteurs de toutes ces vexations, plus pour leurs intérêts que pour ceux de la France, notre roi soit assez aveugle pour ne pas s'en apercevoir. »

Ambroise déplora, avec son ami, la faiblesse des rois et le malheur des peuples. « Cependant, » disait-il, « pour que les Jésuites obtiennent l'empire de tout le monde connu, faudra-t-il que je n'aie aucun métier et que je meure de faim ? » — « Toutes les ressources ne vous sont pas fermées, lui dit son ami ; la voie du commerce vous est ouverte. Monseigneur de Louvois n'a point songé à cet article, et je prévois que les protestants, si ruinés et si malheureux aujourd'hui, feront un jour fleurir les villes et les provinces qu'ils habiteront. Le commerce est un état honnête et utile ; peut être pourrez-vous y réparer, un jour, les pertes qu'une dure persécution vous a occasionnées. »

Ambroise profita du conseil de son ami et entra chez un marchand, dont il se fit chérir par son application et par ses mœurs[4].

1. ↑ Combien de braves soldats, de savants ingénieurs, de bons officiers, de grands capitaines ont passé chez nos ennemis et leur ont porté le tribut forcé de leur valeur et de leurs lumières ! D'où sont sortis les Schomberg, les Gallowai, les Chanclos, les Deshayes, les Dumoulin, les Ligonier, auxquels nous pourrions ajouter tant d'autres ? Que de gens nés pour tout autre profession que pour celle des armes ont abandonné leurs fonctions, et ont rendu leur désespoir funeste à leurs compatriotes ! Si l'on est équitable, les maux qu'ils ont faits, peut-on légitimement les leur imputer ? Et n'est-ce pas plus naturellement à ceux qui les ont fait dépouiller de leurs biens, priver de leurs dignités, et tourmenter dans leurs personnes, qu'il faut s'en prendre ?
2. ↑ Arrêt du Conseil, du 9 juillet 1685.

3. ↑ Sentence de la police de Paris, du 13 mai 1681.
4. ↑ La prédiction de l'ami d'Ambroise s'est accomplie. Les protestants ont sauvé le commerce en France. Les principaux négociants de Bordeaux, de Lyon, de Marseille, les plus fameux banquiers de Paris sont protestants. Ce sont des protestants qui dirigent les belles manufactures de soie du Languedoc ; et ces sujets utiles et opprimés se livraient à l'industrie dans le royaume, tandis que leurs frères réfugiés en Angleterre, aidaient y porter les arts utiles à ce point de perfection qui fait l'objet de notre émulation et de notre envie.

CHAPITRE V.

MISÈRE DE LA MÈRE D'AMBROISE.

Nous avons vu combien la mère du jeune Ambroise était attachée à sa religion. On donne, très à propos, à ce ridicule attachement le nom odieux de fanatisme. En effet, il n'y a rien de plus absurde que de ne pas changer d'opinion aussitôt que l'on en est prié par une brigade de cavalerie ou par une troupe de dragons. Rien de plus aisé que d'adopter un sentiment opposé à celui que l'on a eu pendant quarante ou cinquante années, et il est clair comme le jour que, quoique la nature, les gouvernements et l'éducation nous conduisent nécessairement à voir tous d'une manière différente, le prince n'a qu'à lever le doigt pour que cent millions de sujets, s'il les a, doivent penser incontinent comme lui[1]. D'après ce principe, qu'on ne peut me contester, il est très clair encore que le prince a le droit de faire pendre tous ceux qui osent s'attacher aux préjugés qu'ils avaient sucés avec le lait. L'entêtement est un caprice, et, selon le droit divin, le caprice mérite la mort.

J'ai été bien aise de poser ces principes incontestables, afin de justifier les lois dont je vais parler. On pourrait se laisser surprendre par une ridicule compassion ou par de fausses apparences de justice, et il est bon de prévenir sur ce point les esprits faibles dont notre siècle est rempli.

Ambroise avait des frères et des sœurs plus jeunes que lui, et sa mère, voyant le succès de ses soins pour l'aîné, redoubla d'ardeur pour perfectionner l'éducation des autres. Cette éducation se bornait aux instructions domestiques, et n'avait d'autre but que d'en faire de bons sujets et de les élever dans les sentiments qu'elle avait elle-même. Claude Upokritès, homme vénérable qui vivait dans ce pays-là, y exerçait une très belle charge : sa fonction était de dénoncer les entêtés et de les recommander au bourreau, et ses gages honnêtes se prenaient sur leurs dépouilles. Plein d'une sainte avidité, ce charitable inquisiteur recherchait avec soin les délinquants, et, grâce à l'heureuse population de ce pays, il ne manquait pas d'occasions pour donner des preuves de son zèle. Aussi s'aperçut-il bientôt que la mère du jeune Ambroise n'envoyait aucun de ses enfants ni à l'école ni à la messe, et qu'elle violait en ce point les ordonnances du roi. Il la fit condamner à payer les amendes prescrites par les déclarations[2]. La mère les paya gaiement, trop heureuse d'acheter à ce prix le pouvoir d'instruire ses enfants elle-même. Mais ces amendes réitérées, et que l'on augmentait de temps en temps, altérèrent cruellement sa fortune. Les supérieurs, irrités de la résistance opiniâtre de cette femme, eurent encore recours aux édits du roi, qui suppléait à tout ; et ils en trouvèrent un[3] qui déclarait que les veuves qui persisteraient dans la R. P. R., un mois après la publication des présentes, seraient déchues du pouvoir de disposer en aucune manière de leurs biens, et que ces biens passeraient à leurs enfants catholiques, et, s'il n'y en avait point de tels, aux hôpitaux les plus prochains[4]. « Voici ce qu'il nous faut ! » dit en triomphant Upokritès ; et bientôt l'édit fut exécuté. On ôta à la mère le droit de gérer son bien ; on lui fit une pension aussi modique qu'il fut possible, et, conformément à un autre édit du roi, tous ses enfants lui furent enlevés[5]. On les enferma dans des couvents de villes éloignées, où ils furent si bien instruits, si dûment catéchisés, si régulièrement fustigés, que l'on espéra que dans quelques années on en ferait de bons catholiques. Il est vrai qu'au sortir du couvent, ils s'enfuirent dans les pays étrangers ; mais, au moins, on avait fait ce qu'on avait pu, et l'on n'avait rien à se reprocher.

Cependant la veuve désolée de l'infortuné Hyacinthe Borély mangeait un pain de larmes et gémissait, nuit et jour, sur la perte de ses enfants. Elle était réduite, dans un galetas, à quelques mauvais meubles ; son unique consolation était de voir Ambroise, qui lui donnait tout le temps que ses occupations lui laissaient. Un nouveau chagrin vint lui percer le cœur. Elle avait, parmi ses enfants, un petit garçon d'une très jolie figure : on le nommait Benjamin ; et, comme le fils de Jacob, il était extrêmement aimé de ses parents. Cet enfant n'avait que sept ans et demi ; il avait été enlevé comme les autres, et mis dans un couvent, à deux lieues de là. Upokritès forma le merveilleux projet de l'engager à embrasser la religion catholique. On le caressa beaucoup dans le couvent ; on lui donna des images et des dragées, et le petit Benjamin, en présence d'une foule innombrable de fidèles, fit abjuration de ses erreurs avec une telle componction, qu'il arracha des larmes à tout le monde, après quoi il fut mis en possession des biens de son père ; la mère, les frères et les sœurs, entêtés, furent tous dépossédés, conformément à l'édit du roi ; et Upokritès, nommé tuteur, géra cette hérédité avec une intégrité et une délicatesse dont on ne voit guère d'exemples. La bonne veuve disait avec douleur : « Un enfant de sept ans est-il donc en état de choisir une religion ? Cet objet, qui demande toute la force de la raison, était-il à la portée de ce pauvre Benjamin, qui joue encore avec son tambour ? » On lui répondait qu'il n'y avait rien de plus raisonnable, puisqu'il existait une déclaration du roi qui portait que les enfants parvenus à l'âge de sept ans seraient admis à abjurer la R. P. R.[6]. « Il est bien vrai, » lui disait-on, « qu'en 1669[7], le roi pensait qu'il ne fallait admettre à l'abjuration que les enfants parvenus à l'âge de quatorze ans ; mais le père La Chaise prétend qu'un enfant de sept ans est aussi formé aujourd'hui que l'était alors un joli enfant de treize ou quatorze ans ; et les Jésuites s'y connaissent. D'ailleurs, vous étonnerez-vous que dans un pays où l'on fait vœu de chasteté à seize ans, on puisse à sept ans faire vœu d'une foi implicite et absolue ? » Il n'y avait rien à répondre aux déclarations du roi, à Claude Upokritès, à la foi implicite, et aux profonds arguments du Père La Chaise. La pauvre veuve se contenta de pleurer ; pour la consoler, on lui rogna sa pension, et sa misère fut extrême.

1. ↑ Un ancien poète, au rapport de Bayle, disait que les dieux se servaient des hommes comme de balles pour jouer à la paume. Les rois d'Angleterre firent de l'âme de leurs sujets quelque chose d'approchant dans le dernier siècle, puisqu'en moins de trente années, ils les firent changer quatre fois de religion.

    Un écrivain aussi célèbre que Bayle rapporte ainsi le même fait : « *Quand on considère de plus près l'histoire de ce grand royaume, et particulièrement les derniers règnes, où l'on voit non seulement les rois majeurs, mais encore des pupilles et les reines même si absolues et si redoutées ; quand on considère la facilité incroyable avec laquelle la religion a été ou renversée ou établie par Henri, par Édouard, par Marie, par Élisabeth : on ne trouve ni la nation si rebelle, ni les parlements si fiers et si factieux ; au contraire, on est obligé de reprocher à ces peuples d'avoir été* TROP SOUMIS, *puisqu'ils ont mis sous le joug leur foi même et leur conscience.* » Il paraît que cet écrivain ne pensait pas, comme les gens d'église, que les peuples doivent soumettre leur conscience à la volonté du prince. Et cependant observez, cher lecteur, que c'est un homme d'église, qui parle ainsi, même un Père de l'Église, en un mot, le grand Bossuet. Voyez *Oraison funèbre de la reine d'Angleterre*.

2. ↑ Déclarations du roi du 13 décembre 1698 et du 16 octobre 1700, par lesquelles il est ordonné aux protestants qu'on supposait convertis en vertu des ordres du roi et des vexations des dragons, d'envoyer les enfants aux écoles et aux catéchismes catholiques. Les juges devaient condamner à des amendes ceux qui contreviendraient à ces ordres ; on enlevait les enfants à leurs parents, pour les faire élever dans des collèges et des couvents. Les Jésuites arrachèrent cet ordre barbare à Louis XIV, lui ayant persuadé qu'il était obligé en conscience de préserver ces enfants de l'erreur, et qu'il répondrait devant Dieu de leur perdition.

    Ces ordres ont été souvent exécutés. Nous avons vu, de nos jours, des jeunes filles arrachées à leurs parents par des ordres rigoureux, livrées dans des couvents à des religieuses peu éclairées, qui ignoraient également et la religion dont il fallait les instruire, et celle dont il fallait les détromper. Nous avons vu plusieurs de ces malheureuses victimes succomber à ces longues persécutions et perdre, au bout de quelques années, ou la raison, ou la vie. La fille de Sirven, entre autres, devint folle, s'échappa du couvent où elle était enfermée, et se noya dans un puits. Le père, accusé de l'avoir assassinée, fut condamné par contumace à être pendu ; le parlement de Toulouse lui a rendu, depuis, une justice éclatante. Personne n'ignore les constants et utiles efforts de Voltaire pour l'obtenir.

3. ↑ Du mois de janvier 1686, enregistré au Parlement le 25 de ce mois.
4. ↑ Ce même édit de janvier 1686, prive encore les femmes de tous les avantages qui pourraient leur avoir été faits par leurs maris, de quelque nature qu'ils pussent être. Le savant jurisconsulte Bubenbach ne pouvait se lasser d'admirer la beauté de cette loi.
5. ↑ Du mois de janvier 1686, enregistré le 12 de ce mois. — Y a-t-il rien de plus antichrétien et de plus tyrannique, que l'enlèvement des enfants à leurs pères et mères ? Funeste méthode, perpétuée jusqu'à nos jours depuis la révocation de l'édit de Nantes ! Toutes les provinces ont été désolées ainsi ; mais le Poitou, le Languedoc, le Vivarais, le Dauphiné, et singulièrement le diocèse de Bayeux dans la Normandie, en fournissent des exemples récents par milliers. Ces exécutions ont été accompagnées des plus terribles circonstances ; et pour en redoubler l'horreur, et jeter d'autant mieux l'épouvante, ç'a été d'ordinaire pendant la nuit que les grands coups ont été frappés. Je ne ferai point le détail de ces barbaries ; et qui pourrait suffire à les rapporter ? Je ne parlerai que de la seule expédition du sieur Houvet, curé d'Athis en Normandie, et de ses vicaires les sieurs Verger et Grenier. Que l'on se représente ces prêtres suivis de cohortes d'archers, volant de paroisse en paroisse, assiégeant les maisons à la faveur des ténèbres, enfonçant les portes avec des haches, et remplissant l'air de cris affreux, et capables de jeter la terreur dans les âmes les plus intrépides ! Que l'on se peigne leurs satellites entrant après eux, le sabre à la main et le blasphème à la bouche, renversant et brisant tout ce qu'ils rencontrent, jusqu'à ce qu'ils trouvent enfin ce qui fait l'objet de leurs recherches et va faire le sujet de tant de larmes ! Qui pourrait retracer la fureur avec laquelle ils se saisissent de leur proie et l'entraînent sans lui donner le temps de s'habiller, et sans avoir égard aux cris des pères et mères ! Ils ont l'inhumanité de repousser, d'insulter, de frapper ces infortunés pères et mères, qui, se voyant enlever ce qu'ils ont au monde de plus cher, osent, dans l'excès du plus cruel désespoir, hasarder quelques vaines tentatives pour sauver ces précieux objets de leur tendresse et les conserver à leur amour. Aussi

ces enlèvements firent tant de bruits, et jetèrent une si grande consternation et une si vive alarme dans tous les cantons, que plus de mille familles se réfugièrent alors en Angleterre, et y emportèrent ce qu'ils purent ramasser d'effets et d'argent.

6. ↑ 17 juin 1681. Louis XIV avait permis de recevoir les abjurations des enfants de sept ans ; il les avait autorisés à quitter la maison de leurs parents, et à faire un procès à leurs pères, pour les obliger à leur payer une pension. La loi supposait donc que les enfants de sept ans sont en état de prononcer entre deux religions qui partagent les théologiens de l'Europe les plus éclairés. La loi permettait à des enfants de sept ans de se soustraire à l'autorité paternelle. Un père était exposé à perdre ses enfants pour jamais, si quelque rigueur nécessaire pour corriger leurs vices naissants excitait dans leur âme un moment de dépit. C'est ainsi que les instigateurs de ces lois respectaient la religion, les mœurs et la nature !

7. ↑ Déclaration du roi, du 1er février 1669, art. xxxix.

CHAPITRE VI.

CE QUI ARRIVE À L'ONCLE D'AMBROISE.

Un jour qu'Ambroise était auprès de sa mère, un de leurs amis entra. À sa contenance triste on reconnut d'abord qu'il était porteur de quelque mauvaise nouvelle. En effet, il ne tarda point à leur apprendre que l'oncle d'Ambroise venait d'être arrêté et conduit en prison ; et que, selon les apparences, il serait condamné aux galères. Cet oncle était un honnête homme qui, dans le temps des abjurations, avait cédé comme les autres. On avait mis quatre tambours chez lui, qui, se relevant nuit et jour, battaient de la caisse au chevet de son lit, où il était malade. Il résista pendant quarante-huit heures à cette nouvelle espèce de torture ; et l'on s'avisa, au troisième jour, de mettre un grand chaudron sur sa tête et d'y frapper continuellement. De temps en temps on examinait quel était l'effet de ces arguments, et si la conversion commençait à s'opérer. On eut la satisfaction de voir qu'ils étaient très efficaces.

L'oncle d'Ambroise, excédé de fatigue, promit de signer, signa d'une main tremblante, et s'évanouit.

Depuis ce jour le *nouveau converti* ne fut plus inquiété, parce qu'une signature si volontaire prouvait démonstrativement qu'il était bon catholique ; mais il eut un regret si vif de ce qu'il appelait sa chute, qu'il la pleura pendant tout le reste de ses jours. Le doux Upokritès, que son emploi autorisait à se mêler des affaires de toutes les familles, était saintement aigri de la conduite de cet homme, et surtout de ne point trouver d'occasion pour l'en punir. Il avait déjà plusieurs griefs contre lui. C'était un usage assez général, dans ces heureux temps, que le curé, avec l'Upokritès du lieu, allassent visiter, le vendredi et le samedi, les maisons suspectes, pour voir si l'on n'y mangeait pas de la viande ; et quelquefois l'oncle d'Ambroise avait été trouvé en faute. Il est vrai que, sa santé étant délicate, il se munissait toujours d'un certificat du médecin ; et l'on ne pouvait point lui faire payer d'amende. Par un autre usage extrêmement doux et digne des beaux jours dans lesquels vivait notre Cévenol, on visitait exactement les maisons des nouveaux convertis pour leur ôter leurs livres de dévotion[1]. Cette cérémonie se faisait avec une pompe militaire, afin de leur rappeler la mémoire de ce que savaient faire les dragons. On battait la caisse par toute la ville, on distribuait des soldats dans tous les carrefours, et, après cette recherche, on brûlait en place publique les livres que l'on avait trouvés ; on punissait sévèrement les délinquants ; et les bonnes âmes, touchées de ces généreuses expéditions, priaient Dieu que l'on trouvât un grand nombre de coupables.

Cependant le grief d'Upokritès contre l'oncle d'Ambroise n'était pas d'avoir trouvé chez lui des livres hérétiques, mais bien de n'y en avoir point trouvé ; car il faut convenir que cet honnête homme avait parfois le cœur méchant, et qu'il était trop âpre à la curée ; l'espoir des confiscations et des amendes le rendait capable de tout. Le hasard qui, comme on le prouve si clairement aujourd'hui, gouverne le monde avec beaucoup d'intelligence, vint favoriser la sainte avidité d'Upokritès. Quelqu'un parlant devant lui de la singularité de l'oncle d'Ambroise et de sa vie retirée, dit que cet homme était toujours protestant, et qu'il lui avait entendu témoigner beaucoup de regret de son abjuration. Le doux Upokritès, qui savait son code des lois pénales sur le bout du doigt, lui demanda d'un air assez indifférent, avec qui il était lorsque cet homme avait tenu ce propos. Celui-ci lui nomma deux ou trois personnes très connues : Upokritès, triomphant, bâtit là-dessus un petit projet que l'on va voir exécuter tout à l'heure.

Il faut apprendre ici au lecteur de ces curieuses aventures, qu'il existe une ordonnance du roi[2], laquelle défend à ceux des nouveaux convertis qui ont une fois abjuré la R. P. R. d'oser dire qu'ils se repentent de l'avoir fait ; et cette ordonnance condamne aux galères ceux qui auront *l'audace et la témérité de publier qu'ils sont encore huguenots* ; et de peur que la marche réfléchie de la justice n'adoucisse la sévérité de cette peine, on en commet l'exécution à MM. les intendants. Observez de plus, lecteurs, que cette ordonnance, dont on est sans doute encore redevable au zèle de ce bon père La Chaise, appelle cette rétractation un crime, parce qu'en effet c'est un crime de se rétracter, quand on est libre, de ce qu'on avait promis aux sabres et aux pistolets des dragons. Il suivait de cette ordonnance, que l'oncle d'Ambroise était coupable. Déjà Upokritès avait reçu la déposition des deux témoins qui avaient ouï le discours de cet infortuné ; et, le lendemain même, on avait arraché Jérôme Borély à sa famille, pour le traîner dans un cachot. Telle est la nouvelle que l'on apportait à la mère d'Ambroise.

On se peint aisément la désolation de cette pauvre veuve. Il ne faut à une âme abattue par la douleur qu'une infortune légère pour achever de l'accabler ; c'est ainsi que le dernier coup de hache renverse un chêne que vingt bras avaient attaqué. Ce coup était donc beaucoup trop fort pour la mère d'Ambroise ; elle en fut atterrée. Quant au fils, il était au désespoir. « Quoi ! » disait-il en sanglotant, « mon oncle, mon cher oncle, mon second père, arraché d'entre nos bras, enfermé dans un cachot infect, et chargé de fers ! Mon cher oncle, l'homme le plus vertueux, condamné à passer le reste de ses jours avec les plus vils scélérats, couvert de l'ignominie du crime ! et pourquoi ? grand Dieu ! pour avoir détesté l'hypocrisie ! Que mériterait-il de plus s'il eût déshonoré sa vie par d'infâmes larcins ? » Il s'écriait encore en fondant en larmes :

« Mon pauvre oncle, vous ne pourrez résister à la fatigue de la chiourme, aux intempéries de la mer et à une nourriture détestable ! Il me semble que je vous vois étendu sur le coursier, le dos dépouillé, et près de vous le comite barbare, armé d'une corde goudronnée[3]. »

Cette image effrayante poursuivait partout le malheureux Ambroise. Quelquefois il espérait que, par des sollicitations et des amis, il pourrait arracher son oncle à sa fatale destinée, et, se complaisant dans cette idée, elle adoucissait sa douleur ; d'autres fois, perdant toute espérance, il voulait aller prendre la place d'un oncle qui lui semblait plus nécessaire à sa mère que lui même[4]. La santé d'Ambroise fut très altérée par cet événement, et, sans doute, il aurait succombé à son affliction, si ce même avocat, qui lui avait donné autrefois de si bons conseils, ne fût venu à son secours. Personne ne savait mieux que lui comment on adoucit la sainte sévérité de certains hommes, et combien il est d'heureuses tournures à donner aux cas les plus désespérés. Il délivra Jérôme Borély, qui voyait, il est vrai, sa fortune réduite à rien, mais qui devenait libre. Upokrités était enchanté des expédients pécuniaires de l'avocat, et la famille de Jérôme oubliait sa misère pour se livrer au plaisir de revoir son chef. Cette joie fut de courte durée.

Jérôme Borély était chargé en société de la ferme du prieur du lieu, qui aurait été bien fâché que les protestants eussent refusé de la prendre. Cependant, comme il existait une déclaration du roi[5], qui défend aux prétendus réformés de prendre de telles fermes, et qu'il y avait une bonne amende de 1,000 livres, sans compter les frais de justice, Jérôme Borély fut attaqué. Il ne voulut point se défendre sur son abjuration, qui prouvait qu'il était *catholique* ; il eût rougi d'une telle infamie, et sa délicatesse le perdit. Sa fortune épuisée ne lui permit point de payer cette amende fatale, et il se vit de nouveau traîné en prison. Depuis longtemps il portait dans son sein le germe de beaucoup de maux, et la nature succombant sous cette dernière épreuve, il devint très sérieusement malade.

1. ↑ Les ecclésiastiques mettaient tout en œuvre pour découvrir et enlever leurs livres de piété, dans la vue apparemment que leur religion n'eût plus aucune consistance, et qu'ils fussent réduits à vivre sans loi, sans principe et sans foi.

    Pour y parvenir plus sûrement, on a employé toute la sévérité de l'inquisition la plus violente. Étienne Arnaud fut condamné aux galères, en 1745, pour avoir distribué des livres de prières ; son Nouveau Testament et ses Psaumes furent attachés au carcan avec lui. Le nommé Issoire, de Nimes, subit le même genre de supplice, et quantité de gens de la même ville furent contraints de prendre la fuite, ou furent détenus longtemps en prison. L'intendant d'Auch fit brûler, en 1746, nombre de livres religieux.

2. ↑ 22 mars 1690.
3. ↑ Tel était le zèle de nos pères contre ces hommes dévoués : par les lois pénales, que les forçats protestants étaient traités. plus rudement que les criminels. Les places les plus fatigantes étaient pour eux. Si, à l'élévation de l'hostie, lors de la célébration de la messe (sur la galère), ils n'ôtaient point leur bonnet, on les étendait nus sur le coursier, et un comite, armé d'une corde goudronnée et trempée dans l'eau de la mer, les frappait de toute sa force. Les côtes retentissaient sous la violence des coups, la peau se déchirait en lanières sanglantes, et on emportait ces malheureux, à demi morts, à l'hôpital, où l'on prenait soin de les guérir pour recommencer leur supplice.
4. ↑ C'est de nos jours (1er janvier 1756), que le jeune Fabre obtint d'être conduit aux galères à la place de son père.

On ne peut lire l'*Honnête criminel* sans être attendri jusqu'aux larmes, et sans en estimer l'auteur (Fenouillot de Falbaire).
5. ↑ 9 juillet 1685.

CHAPITRE VII.

NOUVEAUX EMBARRAS D'AMBROISE.

Le bon Ambroise, pénétré de douleur de la triste situation de son oncle, résolut, pour l'en tirer, de vendre un petit domaine dont il avait hérité depuis quelques mois. Il disait : « Mon oncle est le frère de mon père ; il a pris soin de mon enfance. Quand j'eus le malheur de perdre ce père chéri, mon pauvre oncle commença par mêler ses larmes aux miennes ; il finit par les essuyer. Il m'a nourri du pain de sa table : je dois lui rendre aujourd'hui les bienfaits que j'en ai reçus. » Tout en raisonnant ainsi, Ambroise pleurait et cherchait partout quelqu'un qui voulût acheter son domaine. Le besoin où il était fit avancer beaucoup de gens charitables, qui lui proposèrent, avec toute l'honnêteté possible, de le leur céder pour la moitié de sa valeur. Ambroise était si bon qu'il ne s'apercevait pas que ces honnêtes gens abusaient de sa situation. Il conclut avec l'un d'eux, se berçant de l'espérance de revoir son oncle et de l'embrasser mille fois. La joie qu'il ressentait le tint éveillé toute la nuit, et, de grand matin, il heurtait déjà à la porte d'un notaire, demandant à grands cris qu'on le fît descendre pour une affaire très pressée. Celui-ci, croyant qu'on venait le chercher pour aller recevoir quelque testament, maudit mille fois et le métier qui le forçait à ne dormir que les yeux ouverts, et le mourant qui l'envoyait tourmenter, et le commissionnaire qui venait le chercher. Cette pensée n'occupait cependant que la portion de ses fibres intellectuelles destinée à veiller à l'intérêt de ses sens. L'autre partie de son cerveau, dès longtemps habituée à l'éclairer sur l'intérêt bien plus important de sa fortune, le poussa à se vêtir en diligence, dans la crainte qu'on n'allât s'adresser à certain notaire du voisinage dont il était jaloux. En un clin d'œil, il eut endossé une vieille robe de chambre, et, se précipitant dans l'escalier, il parut aux yeux d'Ambroise, un pied chaussé d'un soulier, l'autre d'une pantoufle et une grosse écritoire à la main. « Eh bien ! mon ami, qu'est-ce ? il est donc bien mal ! » — « Ah ! monsieur, plus mal que je ne puis vous dire ; sa situation me fend le cœur. Mon pauvre oncle ! quand pourrai-je vous voir tranquille ! » — « Pour un neveu, » lui dit le notaire, « vous voilà bien affligé. Et, dites-moi, l'avez-vous consulté ? » — « Moi, monsieur, le consulter ! Ah ! je veux qu'il l'ignore ; je veux le surprendre. » — « Mais, mon ami, il est la partie intéressée : il faut bien qu'il le sache. » — « Ah ! sans doute, il le saura, mais quand tout sera fait, quand il ne sera plus le maître de s'y opposer, quand je pourrai le forcer à consentir à des sacrifices qu'il ne permettrait jamais, si je le consultais. »

Le notaire crut avoir affaire au plus scélérat ou au plus fou des hommes, et ce ne fut qu'après d'assez longs éclaircissements qu'il parvint à comprendre les intentions d'Ambroise. Il ne put s'empêcher d'admirer le bon cœur du jeune homme ; il lui promit de passer le contrat de vente dès qu'il lui aurait remis la permission. « Quelle permission ? » lui dit Ambroise ; « je suis majeur, mon père n'est plus, et je ne suis que trop libre. » — « N'êtes-vous pas protestant ? » — « Oui, monsieur, je le suis. Mais qu'a cela de commun avec les sacrifices que je veux faire à mon oncle ? » « C'est que vous ne pouvez disposer de vos biens sans une permission de Monseigneur l'intendant, pour la somme de 3,000 livres, et de la Cour pour les sommes au-dessus[1]. Ainsi, votre domaine étant de la valeur de 4 ou 5,000 livres, il faut vous adresser à M. le subdélégué, qui écrira à Monseigneur l'intendant, qui répondra à M. le subdélégué, qui vous communiquera la réponse ; et vous saurez alors si vous êtes le maître de disposer de ce qui est à vous. Il est vrai qu'avant ce temps-là votre oncle sera mort, selon les apparences. Il peut arriver encore que si M. le subdélégué n'est pas de vos amis, ses rapports ne vous seront pas avantageux, ou que vos parents, pour vous empêcher d'aliéner un bien sur lequel ils ont jeté leur dévolu, écriront des lettres anonymes pour vous noircir. Il peut arriver beaucoup d'autres choses encore ; mais ce sont là de petits inconvénients que le citoyen doit souffrir avec patience, à cause du grand bien et de l'honneur qu'en retire l'État. Car vous comprenez, mon cher Ambroise, que lorsque les citoyens sont ainsi gênés dans leurs affaires, ils les font infiniment mieux, et que le bonheur d'un empire consiste en ce que les sujets soient bien persuadés que la possession libre de leurs biens n'est qu'une chimère. »

Le notaire allait parler très longuement, selon sa coutume, quand il s'aperçut que le pauvre Ambroise fondait en larmes, faisant mille exclamations sur la perte de son oncle qu'il pleurait déjà comme mort. Il le consola du mieux qu'il put ; il le fit même avec succès, car le cœur des malheureux est toujours ouvert à l'espérance. Ambroise se décida à voir M. le subdélégué, qui demeurait à 4 lieues de là. Arrivé chez lui, il apprend que le subdélégué est parti la veille pour Montpellier, et ne doit être de retour qu'à la fin de la semaine. La désolation du Cévenol est extrême ; mais que peut-on contre la force de la destinée ? On se soumet en murmurant ; mais enfin l'on se soumet. Tous ceux qui virent le malheureux Ambroise lui conseillèrent de prendre patience, d'attendre M. le subdélégué, et d'espérer en la Providence. Après y avoir bien réfléchi, il vit qu'en effet il lui serait difficile de rien faire de mieux.

> 1. ↑ Déclaration du roi, du 5 mai 1699. On l'a renouvelée soigneusement tous les trois ans jusqu'à l'année 1784. C'est la seule loi contre les protestants qui ait été supprimée.

CHAPITRE VIII.

CE QUE FIT AMBROISE.

En attendant la fin de la plus longue semaine qu'il eût jamais passée, Ambroise dissipait sa douleur en allant voir fréquemment celui qui la causait. Son esprit n'était occupé que d'un objet : la délivrance de son oncle. Il y avait dans sa petite ville un avocat assez fameux ; il lui vint dans l'esprit d'aller le consulter. « Je verrai, » disait-il, « cette déclaration du roi ; qui sait s'il n'y a pas quelque moyen de l'éluder et de sauver ainsi la vie à mon oncle ? » L'avocat lui confirma tout ce que le notaire avait dit, et lui fit sentir que personne ne voudrait acheter son bien, parce que la loi était aussi sévère contre l'acheteur que contre le vendeur. « Mais, » lui dit Ambroise, « si cette loi m'ôte le droit de vendre mon bien elle ne peut pas me dispenser de payer mes dettes. » « Non, » lui dit l'avocat ; « mais il faut que vous fassiez apparoir la vérité de vos dettes en en exhibant les preuves. » — « Ah ! monsieur, mon oncle n'a point de titres de mes dettes ; mais ils sont écrits dans mon cœur, et, s'il a oublié les bienfaits dont il m'a comblé, c'est une raison de plus pour que je m'en souvienne. » — « Cela fait l'éloge de votre cœur ; mais, avec un bon cœur, on n'a pas toujours la permission de vendre son bien, et un huguenot honnête homme est moins heureux en ce point qu'un scélérat qui a le bonheur d'être catholique. » Du moins, si je ne puis vendre mon bien, je suis apparemment le maître de le donner ; cela reviendrait presque au même pour moi ; car je pense que ce petit bien engagerait M. Upokritès et ses amis à passer par-dessus les formalités ordinaires. » — « Non, mon cher Ambroise, la loi vous gêne encore, et elle défend toute donation entre-vifs ; ainsi, vous êtes le maître d'acquérir autant qu'il vous plaît, mais vous ne l'êtes pas de disposer, et je ne vois d'autre moyen pour vendre votre domaine que d'en obtenir la permission. » Ambroise ne pouvait concevoir qu'une loi l'empêchât d'être reconnaissant. « Quoi ! » disait-il, « j'ai du bien, je veux le donner à autrui parce que je ne m'en soucie plus, et je ne serai pas le maître de le faire ! Voilà ce que je ne comprendrai jamais. » L'avocat lui fit entendre alors que le but de cette loi était d'empêcher les nouveaux convertis de sortir du royaume. « Le prince sait donc que nous y sommes mal, puisqu'il craint que nous n'en sortions, » disait Ambroise ; « mais ne serait-il pas plus sûr de nous y attacher par les bienfaits que par la crainte ? D'ailleurs, monsieur, il est impossible de retenir les gens par force, et, quand une fois l'on a vu dans sa patrie une mère dure et sévère, qui nous bannit de son sein, on s'en détache sans peine, pour s'en donner une plus bienfaisante et plus douce.

La liberté n'a point de prix, et on ne l'achète pas trop cher de toute sa fortune. Je n'entends rien à la jurisprudence ; mais il me semble qu'il n'y a point de contrat qui oblige un sujet à rester dans un État où il ne se plaît pas. Que, si le prince m'ordonne de rester dans un pays d'où la nature, qui abhorre la souffrance, m'ordonne de sortir, je respecterai le prince, mais j'obéirai à la nature. » — « Vous avez raison, » lui dit l'avocat ; « je pourrais même vous faire observer que cette loi, qui défend aux protestants de vendre leurs biens sans permission, est sujette à beaucoup d'autres inconvénients. Elle effraie le sujet, parce qu'elle lui représente le royaume comme une vaste prison de laquelle il ne peut sortir, et détruit par là ce sentiment de liberté qui est le principe de l'industrie. Elle nous avertit beaucoup trop durement de nos chaînes, que l'autorité devrait couvrir de fleurs ; elle nous détourne d'acquérir des biens-fonds et détruit la confiance du sujet qui, pour s'exciter à l'industrie, doit être bien convaincu qu'il travaille pour lui et pour ses enfants ; elle dérange une multitude de familles qui, en vendant à propos une partie de leurs biens, sauveraient l'autre du naufrage. Au reste, mon ami, » continua l'avocat, « je sais un moyen de vendre votre bien ; mais il est long et il vous en coûtera beaucoup. » — « N'importe, n'importe, » s'écria tout à coup Ambroise ; « pourvu que j'aie 1,000 livres de reste pour payer l'amende de mon oncle et ses frais, je suis content. » Il insista si fortement auprès de l'avocat, que celui-ci consentit à tout ce que voulait son client. On feignit 3 ou 4,000 livres de dettes de la part d'Ambroise ; on poursuivit un décret qui en coûta d'abord 2 ou 300, et le domaine d'Ambroise se vendit à bas prix comme un bien décrété ; en sorte que, lorsqu'il eut payé l'amende, les frais de justice, les procureurs et les huissiers, il ne lui resta plus rien ; mais il avait son oncle, et c'était tout pour lui. On emporta hors de la prison le pauvre Jérôme Borély qui, outre les maux qu'il avait en y entrant, avait gagné un rhumatisme dont il fut tourmenté pendant tout le reste de sa vie.

CHAPITRE IX.

CE QUE VIT AMBROISE ET CE QU'IL ENTENDIT.

Ambroise s'en retournait chez lui, la tête baissée et les yeux fixés vers la terre ; il marchait dans l'attitude d'un homme qui médite profondément. Le bruit confus de la canaille ameutée, qui poussait des cris affreux, le fit sortir de sa rêverie ; il voulut s'approcher pour voir quelle était la cause de ce tumulte, et il vit pêle-mêle, dans la boue, des archers, des soldats, des prêtres, des magistrats, et, au milieu d'eux, le bourreau qui traînait sur la claie un cadavre nu, plein de fange et de meurtrissures. La tête du cadavre était entièrement défigurée par les coups de pierre et de bâtons qu'elle recevait à chaque instant[1]. Ambroise n'eut pas besoin de demander ce que c'était ; les injures que la populace vomissait contre les huguenots, et ces cris répétés de partout : « *C'est bien fait, c'est bien fait ; on devrait leur en faire autant à tous ; ah ! si nous pouvions les voir tous pendre et brûler !* » tout cela lui fit comprendre que c'était un de ses frères qui avait refusé, sur son lit de mort, de recevoir les sacrements. La populace, échauffée par ce spectacle, jetait de la boue et des pierres contre les maisons et les boutiques des huguenots, et poursuivait ceux qui avaient le malheur de se trouver dans la rue ; on eût dit d'une sédition ou d'une ville au pillage. Ambroise voulut fuir, mais il fut reconnu, et ne put échapper assez vite pour ne pas recevoir quelques coups ; il perdit son chapeau ; son visage était couvert de boue, et son habit était en lambeaux, quand heureusement il trouva une allée dont la porte, qu'il ferma brusquement, le déroba à ceux qui le poursuivaient.

La maison où Ambroise s'était réfugié donnait sur la place, et plusieurs personnes y étaient venues pour jouir de cet édifiant spectacle. Ce ne fut pas sans douleur et sans effroi qu'il ouït les éclats de rire et les plaisanteries des assistants ; elles lui perçaient le cœur. Pour éviter de les entendre, il s'enfonça un peu plus dans l'allée et se trouva dans un lieu fort obscur, où il découvrit, au travers d'une porte ouverte, deux hommes qui se promenaient et qui parlaient avec chaleur. L'un était un jésuite, et l'autre le maître de la maison. Leur conversation roulait sur l'affaire présente ; Ambroise n'en perdit pas un mot, et ci ce qu'il entendit :

« Il faut convenir, » disait le maître de la maison, « qu'il est cruel d'être obligé de changer d'opinion et de feindre pendant toute sa vie de croire ce qu'on ne croit pas dans le fond du cœur. Je ne suis pas surpris aussi que, dans ces derniers moments, où l'on n'est plus affecté par la crainte, ni dominé par les intérêts du monde et par le plaisir de vivre à son aise, un mourant qui n'a plus rien à ménager fasse enfin l'aveu de sa véritable croyance, et, dans le fond du cœur, je ne saurais lui en faire un crime. J'aimerais mieux n'avoir dans notre religion qu'un petit nombre de croyants, que de gagner deux ou trois millions d'hypocrites ! » — « Bon ! » lui répondit le jésuite ; « qu'importe ce que ces gens-là croient dans le fond de l'âme, pourvu que le roi soit persuadé de leur conversion, et qu'ils assistent à la messe ? Vous sentez bien qu'on ne doute point que ce ne soient là des convertis de mauvaise foi, et peut-être le roi lui-même en sait-il quelque chose. La plupart, il est vrai, ne se sont convertis que par force[2] ou par égard humain ; mais enfin, ils sont dans le bercail ; nous avons fait ce que nous avons dû ; à présent, c'est à Dieu à les convaincre. » — « C'est-à-dire, mon révérend père, que tant de violences, de massacres, de punitions, n'ont abouti qu'à faire un grand nombre d'hypocrites ? c'est acheter de mauvais sujets un peu cher, et je vous jure que je les aimerais mieux bons protestants que mauvais catholiques. » — « Monsieur, si les pères sont des hypocrites, les enfants seront de vrais croyants. » — « J'en doute, mon révérend père ; jamais les hommes ne sont plus attachés à leurs opinions que lorsqu'on veut les leur ôter. Nous soupçonnons que ceux qui veulent nous engager, par la force, à adopter leur croyance, n'ont pas de meilleurs arguments à nous alléguer ; et la violence qu'ils nous font pour nous faire embrasser leur doctrine nous semble un aveu de la supériorité de la nôtre. Ils seront donc d'autant plus attachés à leurs opinions que l'on aura plus fait pour les engager à les quitter. Et pensez-vous que dans l'intérieur des maisons ils n'instruiront pas leurs enfants dans cette religion, que dans le cœur ils n'ont point abjurée ? Voyez ce malheureux dont on traîne aujourd'hui le cadavre dans nos rues ; il savait le sort qui l'attendait ; il n'ignorait point quelle ignominie est attachée à ce supplice ; et cependant la force de la conviction le lui a fait braver. » — « Eh bien ! monsieur, » reprit l'homme noir, « cet exemple instruira les autres et les effraiera ; et quand nous n'obtiendrions point ce succès, nous sommes sûrs que ces spectacles, réitérés de temps en temps, entretiendront parmi le peuple une haine dont il doit résulter les plus heureux effets. Par exemple, en voilà pour plus d'un mois avant que les esprits aient repris un peu de calme. S'aperçoit-on que la tranquillité se rétablisse et que l'esprit de support vienne à s'introduire ? Alors on recommence à donner des exemples ; on exhume le cadavre de quelque malheureux pour l'exposer aux insultes de la populace ; on pend un ministre, on envoie une douzaine d'hommes aux galères, et les peuples se souviennent qu'il y a des hérétiques qu'il faut haïr. » — « Ne vaudrait-il pas mieux, mon révérend père, supporter ces hérétiques et engager les sujets du roi à s'aimer les uns les autres ? Car enfin... » — « Non, monsieur, non, » reprit l'homme noir, très impatienté, « nos pères n'en ont jamais usé ainsi, et ils n'étaient pas des barbares ; ils étaient très éclairés et très humains. François 1er nous a donné l'exemple de la manière dont il faut sonner le tocsin contre les hérétiques. S'il avait consulté un homme comme vous, il aurait toléré les prétendus réformés, et peut-être que l'oubli dans lequel il aurait laissé cette secte l'aurait anéantie. Mais qu'il s'y prit bien plus sagement ! Il ordonna une procession bien brillante et bien nombreuse ; lui-même y marchait le premier, accompagné de ses fils, la tête nue, dans une posture très humble et très dévote ; on entonna de toutes parts des cantiques sacrés, et, au son de cette sainte harmonie, se joignirent bientôt les cris perçants de plusieurs obstinés hérétiques, qui furent brûlés vifs. Voilà, monsieur, ce qui s'appelle de la bonne politique, car vous comprenez bien que l'exemple du prince dut faire une prompte et vive impression sur les esprits de toute la populace de Paris, et lui inspirer le goût des bûchers pour tout un siècle. »

L'homme noir le prenait sur un ton si haut que le maître de la maison comprit qu'il fallait céder ; il était trop dangereux, dans ces beaux jours du siècle brillant de Louis XIV, de témoigner de l'humanité pour les hérétiques ; et cette humanité était elle-même une hérésie punissable. Il feignit donc d'entrer dans les idées du jésuite, et la conversation fut très paisible. Ils admirèrent. ensemble le grand avantage des processions, qui sont autant de petites armées saintes, rassemblées sous la bannière de la paroisse, et que le zèle rend capable de tout entreprendre. Ils trouvèrent qu'il n'était ni indécent, ni cruel de traîner un cadavre nu et sanglant dans les rues. On cita, à ce sujet, Homère et l'exemple d'Achille ; on admira la politique impartiale de la Société (des Jésuites), qui forçait les protestants à recevoir les sacrements qu'elle faisait refuser aux jansénistes[3] ; on convint, mais à voix un peu basse, que cette puissante Société n'avait rien fait de plus grand, et surtout de plus adroit, que de faire expulser les protestants, qui connaissaient tous les souterrains de la politique ; on observa qu'il y en aurait pour un siècle avant que personne osât élever la voix contre une Société si redoutable et si habile dans ses vengeances... Ambroise, entendant alors quelque bruit, se hâta de gagner la porte qu'il ouvrit doucement. En se retirant chez lui, il ouït encore quelques conversations très échauffées, dans tous les coins de la rue ; une petite rumeur régnait dans la ville, comme la mer rend encore un mugissement sourd après que les vagues sont apaisées. L'événement de la journée fut longtemps le sujet des entretiens ; tout travail, durant plusieurs jours, fut suspendu, comme dans une fête publique. Ces spectacles, que la faiblesse de nos mœurs a fait cesser, avaient plus d'un avantage : ils donnaient de l'énergie aux esprits ; ils polissaient les mœurs et ils procuraient de fréquentes récréations au peuple, qui, comme on sait, n'a pas besoin de son temps pour travailler.

1. ↑ On a vu encore, de nos jours, ces spectacles exercés sur des cadavres. En avril 1749, Daniel-Étienne de la Montagne étant décédé à Catenet, en Provence, et ayant été inhumé à la campagne, Pascal Bérault, chirurgien, assisté d'autres, le déterrèrent, lui attachèrent une corde au cou et le traînèrent, au son du tambour et d'un flageolet, par tout le village, en proférant mille injures contre sa mémoire et accablant son cadavre de coups ; ensuite ils le pendirent par les pieds, lui ouvrirent le ventre, lui arrachèrent le cœur, le foie et les entrailles, qu'ils portèrent en procession, et coupèrent le corps en quatre quartiers. Ces faits sont attestés par le procès-verbal du juge, mais il n'en a fait aucune punition.

Claude Cabanis, négociant d'Alais, dans les Cévennes, à qui sa probité, sa charité et ses talents avaient concilié une estime universelle, et qui s'était rendu très utile dans les lieux où il avait formé son établissement, étant décédé à Lavaur, le 14 juillet 1749 et ayant été inhumé la nuit, malgré les longues oppositions de la populace, il fut exhumé à la sollicitation des Pénitents blancs, et mis en pièces.

Le ministre des protestants Louis Ranc, âgé de vingt-cinq ans, ayant été exécuté à Die, en 1745, M. d'Audiffret, subdélégué de l'intendant, et un grand vicaire, firent ensuite traîner le cadavre par les rues, et contraignirent un jeune protestant d'aider au bourreau dans cette circonstance.

2. ↑ Ce jésuite parlait comme sa Société. Le jésuite Bourdaloue disait, dans une exhortation sur la charité envers les nouveaux convertis : « Or, ne savez-vous pas, Mesdames, que c'est là le péril où se trouvent une infinité de pauvres à demi convertis : je dis à demi convertis, car, malgré toutes les démonstrations extérieures et toutes les paroles qu'ils ont données, nous ne devons pas supposer qu'à leur égard tout soit déjà fait, et nous devons plutôt supposer que tout soit encore à faire. En effet, plusieurs ne se sont soumis que par force, et, catholiques au dehors, ne le sont guère dans le cœur. »

L'oratorien Massillon s'exprimait en chaire avec la même sincérité : « C'est à vous maintenant, Seigneur, à changer le dedans, à ramener les cours, à éclairer les esprits qui, peut-être n'ont plié que sous le bras de l'homme, afin que, non seulement, il n'y ait plus qu'un bercail et un pasteur, mais même qu'un cœur et qu'une âme dans votre Église » (*Carême de Massillon. Sermon sur le véritable culte*).

C'est comme s'ils avaient dit : « Seigneur, nous les avons contraints d'entrer, nous avons porté la mort dans le sein de trois cent mille familles, nous avons porté un coup irréparable à l'État ; mais les voilà dans le bercail. Il ne reste plus rien à faire que de les convertir ; c'est de vous seul, nous en convenons, que dépend cet ouvrage ! »

3. ↑ Toute la ville de Melun peut attester le fait suivant. Tout le monde se souvient des scènes scandaleuses qui arrivèrent en France, dont les Jésuites étaient les auteurs, au sujet du refus des sacrements. L'évêque de ladite ville de Melun, M. de V…, esclave de l'opinion jésuitique, honnête homme d'ailleurs, croyant bonnement qu'il était de son devoir de ne pas céder sur ce point aux ordres supérieurs, ne voulut jamais permettre

d'administrer l'abbé R..., janséniste malade, qui demandait les sacrements. L'évêque, pour avoir une excuse à son avis plausible, et pour ne pas se mettre dans le cas de se faire décréter, ordonna à son grand vicaire, l'abbé L..., de faire sa tournée dans toutes les paroisses, et de consommer toutes les hosties consacrées qu'il trouverait. Malheureusement, les ciboires étaient bien garnis, et le grand vicaire s'efforça de les consommer toutes : ce qui lui causa une indigestion si forte que le médecin, M. J..., eut bien de la peine à le tirer d'affaire sans lui donner l'émétique.

CHAPITRE X.

MORT TRAGIQUE DE LA MÈRE D'AMBROISE.

Ambroise faisait des progrès dans la connaissance du négoce ; il avait des talents : l'infortune avait formé son esprit par la longue habitude où elle l'avait mis de réfléchir, et, dans un âge encore assez tendre, il avait toute la maturité que donnent le temps et l'expérience. Sa mère était épuisée par les larmes qu'elle avait versées ; la pauvreté et la douleur avaient sillonné ses traits ; et une vieillesse prématurée était le fruit de ses longues et continuelles angoisses. « Mon fils, » disait-elle quelquefois, « je ne saurais plus aimer la terre : mes maux m'en ont détachée. Quel meilleur usage puis-je faire du temps qui me reste, que de me préparer à ma fin qui s'approche ? J'emploie tout celui que je ne passe pas avec vous à méditer, à lire, à rendre à mon Dieu les hommages que je lui dois, et faire à mes semblables le peu de bien qui est en mon pou

LES SOLDATS TIRAIENT À BRÛLE-POURPOINT SUR UNE ASSEMBLÉE SURPRISE.

voir. » Ambroise se plaisait dans ces entretiens avec sa mère, et il n'était jamais si heureux que lorsqu'il avait contribué à calmer ses douleurs.

Un soir qu'il se retirait chez lui, il fut extrêmement étonné de ne point y trouver sa mère : elle était sortie, lui disait-on, à l'entrée de la nuit, avec promesse de ne pas tarder à revenir. Il l'attendit avec inquiétude ; cette anxiété allait toujours en croissant, et une douleur pressante, qui gonflait et élevait sa poitrine, était pour le malheureux Ambroise le pressentiment de quelque affreuse catastrophe. Ce pressentiment ne le trompa point. Il vit arriver sur le minuit sa mère soutenue par une de ses amies, et ayant beaucoup de peine à marcher. Ambroise voulut aller à elle pour lui faire de tendres reproches ; mais quel ne fut pas son effroi, en la voyant toute sanglante, pleurer, étendre les bras pour l'embrasser, et tomber évanouie sur son sein ! Il apporta tous les soins possibles pour la faire revenir à elle-même ; et il eut enfin le bonheur d'y réussir ; et il apprit alors qu'elle avait été dans un bois où quelques personnes s'étaient rassemblées pour prier Dieu ; qu'elles avaient été trahies, et que des soldats s'étant transportés sur le lieu, les avaient surprises à la faveur de l'obscurité et avaient tiré dessus à brûle-pourpoint ; que la moitié de cette assemblée, composée de femmes et de vieillards, avait été massacrée, et que le reste était prisonnier[1]. La mère d'Ambroise avait été blessée d'un coup de feu au-dessous des côtes ; son fils courut chez un chirurgien pour demander du secours. Que de larmes ne versa-t-il point lorsqu'on lui apprit que la blessure était mortelle, et que sa bonne mère n'avait plus que quelques heures à vivre ! Mais il fallait qu'il savourât toute l'horreur qui accompagnait alors les derniers moments. Le chirurgien le tira à l'écart : « Je ne puis éviter, monsieur, » lui dit-il, « de faire mon devoir et d'avertir le curé du danger où est votre mère ; il doit lui apporter les secours spirituels ; je serais puni, si je ne lui en donnais pas avis. » Ambroise effrayé n'épargna ni larmes, ni prières, pour empêcher le chirurgien de faire cette funeste dénonciation. Celui-ci répondit que la Déclaration du roi était trop expresse[2] ; qu'il y avait une amende de 300 livres, et qu'il ne pouvait pas, pour lui faire plaisir, s'exposer à la payer. En disant ces mots il enfila l'escalier et descendit avec précipitation. Ambroise connaissait ce qu'avait de terrible pour un mourant l'arrivée du curé et des officiers de la justice, leurs sollicitations, leurs menaces et le procès-verbal dressé, sans ménagement, sous les yeux du mourant lui-même. Ce cas-ci devenait, d'ailleurs, plus grave, parce que le chirurgien qu'on avait imprudemment instruit ne pouvait manquer de dire où et comment sa malade avait reçu cette blessure mortelle. Il connaissait l'attachement de sa mère pour sa religion ; et il ne doutait pas qu'après sa mort, elle ne fût traînée sur la claie et jetée à la voirie. La piété filiale lui donna dans ce moment un courage et des forces qu'il n'aurait jamais trouvées dans d'autres circonstances. Il enveloppe sa mère dans une couverture, et l'emporte sur ses épaules, pour la dérober aux persécutions dont elle était menacée. L'embarras et le poids de cette charge l'empêchèrent d'aller bien loin. Se trouvant dans une rue détournée vis-à-vis de la porte d'un de ses amis, il s'y arrêta, et son ami étant descendu au bruit de la sonnette, Ambroise lui demanda, la larme à l'œil, un asile pour sa mère expirante ; il se préparait même à monter avec son précieux fardeau. Mais, dans ces temps malheureux, chacun songeait à sa sûreté, et la crainte de ses propres maux rendait insensible à ceux des autres. « Mon cher Ambroise, » lui dit son ami, « je ne puis vous accorder ce que vous me demandez ; je connais les lois : elles sont sévères, et leurs exécuteurs avides et impitoyables. Il y a une Déclaration du roi[3] qui défend, sous peine d'une amende de 500 livres, de *retirer sous prétexte de charité, les malades de la Religion Prétendue Réformée*. Cette loi est contraire à la justice ; elle foule aux pieds l'humanité ; je conviens de tout cela ; mais ma fortune ne me permet pas de faire ces sacrifices ; et vous devriez vous apercevoir déjà que votre séjour trop long devant ma porte m'expose et vous perd. » Ambroise, terrassé par ce refus, ne pouvait en croire ses oreilles ; mais son amour pour sa mère lui donnait des forces, et, reprenant son fardeau, il continua de marcher, en tâtonnant, au milieu des ténèbres, aussi effrayé, en faisant cet acte d'héroïsme, que s'il eût commis le plus grand forfait.

Il y avait une petite rue écartée, qui menait hors de la ville, dans une chaumière déserte. Ce fut dans cette masure abandonnée qu'Ambroise alla se réfugier. Sa mère était accablée de fatigue et de souffrance ; son sang se perdait, et elle connut elle-même que sa fin était prochaine. « Non, ma mère, » lui disait son fils, « je ne puis croire que la providence vous arrache de mes bras d'une manière si cruelle ! Le ciel est juste : il ne permettra pas que je vous perde dans un temps où j'ai tant besoin de vos secours. Ah ! vivez pour ma consolation et pour mon bonheur ! Souffrez que j'envoie cet homme qui nous a suivis prier le chirurgien de nous prêter encore ses secours. » — « Non, mon fils, ils seraient inutiles ; laissez-moi mourir loin de ces hommes affreux… Leurs secours, mon fils ! peut-être ils vous les refuseraient ! N'ont-ils pas toujours des *déclarations du roi* pour servir de prétexte à leur barbarie ? Et qui sait s'ils n'allégueraient pas, pour me refuser leur assistance, cette déclaration[4] qui ordonne aux médecins de se retirer à la seconde visite et d'abandonner leurs malades lorsqu'ils refuseront d'abjurer leur religion ? Vous me faites perdre des instants précieux, mon cher fils. Recevez ici ma bénédiction ; conservez la mémoire de votre mère ; tâchez de faire passer vos frères et vos sœurs dans un pays où l'on puisse adorer et servir Dieu en liberté ; préservez mes os de la persécution, en ensevelissant mon corps dans un lieu écarté… » La voix de cette infortunée s'affaiblissait. Elle dit à son fils de se tenir sans parler à ses côtés, et, après avoir donné environ une demi-heure à la prière, elle rendit le dernier soupir.

Ambroise, désolé, embrassait les restes insensibles de la meilleure des mères. Il l'arrosait de ses larmes ; il lui adressait les paroles les plus touchantes, comme si elle l'avait entendu ; et tel était son égarement qu'il attendait à chaque instant qu'elle rouvrît les yeux à la lumière. L'homme qui l'avait accompagné était attendri de ce spectacle ; il n'épargnait rien pour adoucir la douleur de cet infortuné, et il parvint enfin à l'arracher de dessus le cadavre, sur lequel il étendit la couverture qu'ils avaient apportée.

Cependant il était grand jour, et le soleil éclairait le fond de la chaumière. Le péril où Ambroise comprit qu'il se trouvait commença à l'effrayer ; la crainte vint faire diversion à la douleur. Il convint avec cet homme, dont il était sûr, que celui-ci irait à la ville chercher quelques provisions pour passer la journée ; qu'Ambroise garderait sa mère et que, le soir, ils iraient l'ensevelir dans un lieu éloigné. Il fut assez heureux pour n'être point découvert durant le jour. Quand la nuit fut arrivée, aidé de ses parents et de quelques amis, il se hâta d'aller ensevelir sa mère. On eut beaucoup de peine à l'arracher de dessus son tombeau, et ce ne fut qu'après avoir versé un torrent de larmes qu'il lui dit enfin le dernier adieu.

1. ↑ L'édit de la révocation de celui de Nantes, en défendant les assemblées, prononçait la confiscation de corps et de biens ; la peine de mort ne fut décernée expressément que par l'édit du 1er juillet 1686, article V. Une ordonnance du 12 mars 1689 confirme cette disposition, et ordonne, de plus, que ceux qui n'auront pas été pris en flagrant délit, mais qu'on saura avoir assisté à ces assemblées, seront envoyés aux galères pour la vie, par les commandants ou intendants des provinces, *sans forme ni figure de procès*. Quelle était donc la cause de cette excessive sévérité, de cette violation des droits des citoyens, qui ne peuvent être condamnés à des peines afflictives sans un jugement régulier, droit que les ordonnances mêmes de Louis XIV avaient reconnu ?

L'on m'avouera donc qu'il est bien dur de condamner aux galères des citoyens paisibles, des gentilshommes qui avaient versé leur sang pour la patrie, parce qu'ils avaient prié Dieu en français et en commun pour la prospérité de l'État et du prince. Il était donc cruel de laisser subsister ces déclarations et de les confirmer même par une autre, du 14 mai 1724, après que soixante ans d'une soumission, qui n'a pas même été troublée par un murmure, ont prouvé que les protestants français sont des sujets obéissants et des citoyens fidèles.

Toutes ces déclarations ont été la cause des excès commis par les troupes. Le 17 mars 1745, deux compagnies du régiment de La Rochefoucault-cavalerie, fusillèrent, près de Mazamet, dans le diocèse de Lavaur, une assemblée, quoiqu'on ne leur fit aucune résistance. — Cent vingt-trois fantassins en firent de même le 21 novembre suivant, proche Saint-Hippolyte, en Cévennes. — Le 8 septembre 1748, aux environs de Saint-Ambroix, diocèse d'Uzès, un détachement insulta les femmes et les filles, leur arracha leurs bagues, crochets d'argent et colliers, leur prit ce qu'elles avaient d'argent, et blessa diverses personnes. — Des dragons firent le même traitement à une autre assemblée, le 9 juin 1749, en Dauphiné, près de Montmeyran. — Le 22 novembre 1750, plusieurs personnes furent aussi blessées proche d'Uzès, par cent cinquante

hommes du régiment de l'Île-de-France, qui firent en outre trois cents prisonniers, lesquels se laissèrent prendre comme des agneaux, quoique l'assemblée fût fort nombreuse.
2. ↑ 13 décembre 1698, art. 12. Arrêt du Parlement de Toulouse, 22 juin 1699.
3. ↑ 4 septembre 1684. Arrêt du Conseil qui défend aux protestants de retirer dans leurs maisons aucun pauvre malade de leur religion. Ces malades sont condamnés à respirer l'air empoisonné des hôpitaux, et l'arrêt punissait d'une amende la pratique des vertus que l'Évangile enseigne.
4. ↑ Du 8 mars 1712.

CHAPITRE XI.

AMBROISE VEUT SORTIR DU ROYAUME.

Dans les âmes vives et ardentes, la douleur s'exhale en mouvements violents et impétueux, et cette violence même la soulage. Il n'en est pas de même dans les âmes fortes, mais sensibles ; l'objet de leur peine est toujours présent à leur esprit, et, ne parlant qu'à elles-mêmes de leur douleur, elles en rendent le sentiment plus profond et plus durable. Tel était le caractère que la nature avait donné à Ambroise ; les longues peines l'avaient encore fortifié, en fournissant toujours à son esprit de nouveaux sujets de réflexion. Il se rappelait continuellement toutes les aventures de sa vie, depuis la mort de son père jusqu'à celle de sa mère ; toutes ces « déclarations du roi, » qui avaient été pour lui des sujets de peine, et qui probablement devaient l'être encore pendant tout le reste de ses jours. Il voyait la haine que ces punitions continuelles excitaient contre ceux de sa religion, et il gémissait profondément.

Il n'avait point oublié l'exhortation que sa mère lui avait faite de tâcher de délivrer ses frères et ses sœurs pour les faire passer dans un pays de liberté, et il résolut de ne rien négliger pour cela. Il se transportait sans cesse, par la pensée, dans ces heureuses contrées où il trouverait enfin la liberté de conscience et le repos. Cent lettres, qu'il avait lues de divers réfugiés, lui avaient dépeint le plaisir qu'ils avaient éprouvé lorsqu'ils s'étaient vus hors de France. La joie de ces malheureux expatriés était si vive, qu'aussitôt qu'ils étaient sortis des frontières, ils se jetaient à genoux pour remercier le ciel ; ils baisaient avec transport cette terre nouvelle qui leur donnait l'hospitalité, et, se tournant vers leur patrie, ils versaient des larmes sur ceux qui y étaient encore renfermés. Tous ces récits échauffaient tellement l'imagination des protestants français, qu'ils sortaient par centaines et par milliers ; on voyait les charrues abandonnées au milieu des campagnes, les bestiaux délaissés dans les étables, les manufactures renversées et les fugitifs s'évader enfin par troupes si considérables, que ni les corps de garde, ni les archers, ni les paysans armés n'osaient les arrêter[1].

Ambroise chercha donc à engager ses frères et ses sœurs à s'échapper de leurs couvents pour le suivre. Il eut beaucoup de peine à avoir de leurs nouvelles ; il serait trop long de raconter comment il y parvint, et tout ce qu'il apprit de la manière dont ils étaient traités[2]. Il attendit plusieurs mois afin de leur laisser le temps de s'échapper ; mais, voyant que son attente était vaine, il se décida enfin à prendre la route de la Suisse, pour passer de là en Hollande, où il avait des parents. Il ne manqua pas de compagnons de voyage. On venait précisément alors de renouveler l'exécution de cette déclaration du roi[3] qui ordonne aux pères et aux mères de faire baptiser leurs enfants à l'église dans les premières vingt-quatre heures. Les convertisseurs étaient très ardents à faire exécuter cette loi, et les protestants ne pouvaient soutenir ce nouveau genre de persécution. Ils disaient que l'Église regardant comme siens les enfants qu'elle avait baptisés, on les leur enlèverait un jour pour les mettre dans des couvents ; qu'ils ne pouvaient pas consentir à promettre d'élever leurs enfants dans la religion romaine, comme ce baptême forcé les y engageait ; qu'ils savaient bien que ce n'était là qu'un prétexte pour les soustraire un jour à l'autorité paternelle. Ils se rappelaient que, la même violence ayant été faite il y avait quelques années, un bruit sourd avait couru que, dans le débat entre les pères qui refusaient leurs enfants et les curés qui voulaient les leur arracher, les enfants, victimes de cette violence, étaient expirés entre leurs bras. L'alarme enfin était si générale partout, que les familles entières s'expatriaient, et, au lieu que jusque-là on n'avait vu que des particuliers aigris par leurs maux s'enfuir pour s'y soustraire, ici c'étaient les pères et les mères ensemble qui, frappés dans l'endroit le plus sensible, entraînaient avec eux et leurs enfants et ce qu'ils pouvaient emporter de leurs richesses.

Pour rendre sa fuite plus secrète et plus sûre, Ambroise s'associa avec une douzaine de personnes seulement, passant dans les lieux les plus difficiles et ne marchant que la nuit pour éviter les corps de garde et tout catholique ; car il n'en était point qui ne crût avoir, aussi bien que les soldats et les dragons, le droit d'égorger et de voler leurs compatriotes. Les bons sujets, disaient-ils, doivent s'empresser à l'envi de travailler au bien de l'État.

1. ↑ Quels maux ne marchèrent pas à la suite de ces désertions nécessitées ! Ils se multiplièrent à l'infini : non seulement on perdit des sujets utiles ; non seulement l'or, l'argent et les arts de la France furent portés en d'autres climats ; mais on vit tomber, bientôt après, les fabriques, les manufactures et le commerce. Les mémoires de quelques intendants nous édifient sur les épouvantables pertes que nous avons subies à cet égard.
2. ↑ Les écrits du temps nous ont conservé le souvenir des moyens de conversion qu'employaient les religieuses et les moines. On se servait de « fausses visions, de faux miracles, de fausses condamnations qu'on disait prononcées contre les enfants opiniâtres ; des promesses, des menaces, des bienfaits, des châtiments, des prisons, des jeûnes, des notes d'infamie : tout était mis en usage pour les réduire... Il y en eut plusieurs qu'on mit dans un état pitoyable par ces indignes traitements, plusieurs dont on altéra l'esprit par ces persécutions continuelles... Une jeune fille de Bellême ayant été enfermée à Alençon dans une maison établie pour les enfants de son sexe, y attira, par sa constance, la haine des dévotes qui en étaient les directrices. Un jour, elles lui mirent tout le corps en sang à coups de verges, et mille autres mauvais traitements la rendirent épileptique... On les enfermait dans des cachots sales, humides, obscurs ; et, en les y mettant, on ne leur parlait que de démons qui y revenaient... On les traînait par force à la messe. » Les verges étaient surtout les armes dont les religieuses aimaient à se servir contre les jeunes filles, par je ne sais quel raffinement de cruauté luxurieuse, dont on trouverait facilement la raison dans la vie cénobitique. « À Uzès, la justice même autorisa ces outrages. Les supérieures de la maison des Nouvelles Converties, établies dans cette ville, se plaignaient de la rébellion de quelques filles qui ne paraissaient pas assez bonnes catholiques ; on les condamna à recevoir le fouet de la main de ces fausses dévotes, et la chose fut exécutée en

présence du major du régiment de Vivonne et du juge de la ville. Il y en avait huit de coupables, dont la plus jeune avait seize ans, et dont la plus âgée n'en avait que vingt-trois. Cependant, on les traita comme des enfants de six à sept ans. Elles furent fouettées à la vue de plusieurs de leurs compagnes, pour leur servir d'exemple. Pendant l'exécution, elles reprochaient à ces hypocrites leur fausse piété, qui les faisait renoncer à la pudeur de leur sexe... » (Benoit, *Hist. de l'édit de Nantes*, tome V, pages 884, 893 et ailleurs).
3. ↑ 13 décembre 1698, art. 8.

CHAPITRE XII.

AMBROISE EST ARRÊTÉ.

C'est pourtant un assez bon siècle que le nôtre. On ne brûle plus de petits enfants dans les bras rougis d'une statue de cuivre ; on n'imite nulle part le taureau de Phalaris ; on ne voit plus sept ou huit princes suivis de tous leurs sujets, aller envahir, avec une croix rouge sur la poitrine ou sur l'épaule, les États d'un prince voisin ; pas un monarque ne songe à répéter la petite saignée de la Saint-Barthélemy ; et je crois même qu'il y a plus de trente ans qu'on n'a brûlé aucun sorcier ni aucun hérétique. J'avoue franchement que j'aime assez ce calme paisible de nos mœurs, et que puisqu'il faut que dans l'histoire de l'humanité il y ait de longues scènes de massacres, de brûleries, d'emprisonnements et autres tragédies nationales, j'aime beaucoup mieux que tout cela soit passé. J'observe même, avec quelque plaisir, que nos mœurs prennent une pente douce vers la concorde et le support : il se fait par-ci par-là quelques bons établissements ; il n'y a point d'idée utile qui n'ait été adoptée par quelque prince. J'avoue enfin que je suis doucement ému lorsque je lis un écrit qui dispose les hommes à la tolérance, parce qu'il me paraît que l'opinion publique est toujours la dominatrice des souverains, qui sont, ainsi que le vulgaire, élevés et formés d'après les idées généralement reçues.

J'entends bien quelques gens murmurer sourdement et regretter le temps passé ; je les plains d'être nés un siècle trop tard. Oh ! s'ils étaient venus dans les beaux jours de la France, dans le siècle brillant et destructeur des Fénelon et des Bâville, des Racine et des Marillac, des La Fontaine et des d'Hérapine, des Corneille et des La Chaise, combien leur âme aurait été égayée par les spectacles intéressants qui s'offraient dans les provinces ! Tandis que Louis le Grand assistait dans Paris aux comédies de Molière ou aux drames harmonieux de Quinault, dont il aimait surtout les prologues, le petit peuple des petites villes assistait à des tragédies réelles. Aujourd'hui, c'était une chaîne de galériens qu'on allait voir passer, et qu'on avait le plaisir d'accabler d'injures. Le lendemain, c'étaient de vieilles dévotes huguenotes, ou de jeunes garçons, ou quelque fille bien faite, qui étaient fouettés publiquement par la main du bourreau. Un autre jour, on allait voir pendre cinq ou six personnes pour passer le temps ; et ces spectacles n'étaient point rares. On l'a dit mille fois : *Panem et circenses*, il faut au peuple *du pain et des jeux* ; mais si l'on sait lui procurer des amusements qui renforcent et en durcissent ses mœurs, c'est le comble de la politique.

Tels étaient donc les spectacles que l'on donnait alors au public dans nos provinces, et dont Ambroise fut témoin dans la suite. Ils eurent beaucoup à souffrir dans leur route, lui et ses compagnons. Les prudentes ordonnances des intendants défendaient de donner à manger aux voyageurs qui n'avaient point de chapelets ; mais nos fugitifs trouvaient dans les bois des fruits sauvages et des racines dont ils s'aidaient à soutenir leurs forces. Ils voyaient partout les campagnes désolées, les métairies absolument désertes, les champs en friche, les ouvriers catholiques, dupes du zèle national, qui demandaient leur pain, ou qui prenaient une cocarde pour en prendre avec privilège. Dans les villages, les maisons ouvertes, les rues pleines d'effets brisés, de denrées détruites ou gaspillées, une solitude parfaite, présentaient l'aspect d'un pays dévasté par l'ennemi. Les grands chemins étaient couverts de soldats, d'archers, de prisonniers, de fuyards, de mendiants, de voleurs et de cadavres de gens assassinés ; et tel était le spectacle qu'offrait alors à l'Europe cette France que l'Europe accusait malignement d'aspirer à la monarchie universelle.

Les pays étrangers avaient alors une politique bien différente. L'édit de Nantes fut révoqué au mois d'octobre 1685. Dès que l'Électeur de Brandebourg en sut la nouvelle, et le 29 du même mois, il publia un édit par lequel il invitait ceux que l'oppression avait chassés de leur pays à se retirer dans le sien. Privilèges considérables, pensions, habitations toutes formées, églises surtout pour prier Dieu : tels étaient les appâts qu'il leur présentait pour les attirer. Il les distribuait par colonies dans ses États, et ils y trouvaient des ministres pour leur prêcher et des juges de leur langue pour les juger. Plusieurs princes d'Allemagne, ceux de la maison de Lunebourg, les landgraves de Hesse-Cassel et de Hesse-Hombourg[1], le margrave de Bayreuth imitèrent cet exemple, et l'on vit des villages français transportés dans les forêts de la Germanie, y garder un nom qui leur était cher ; et leurs habitants consolés continuèrent d'y parler le doux idiome de leur patrie.

L'Angleterre fit des collectes prodigieuses pour l'entretien des réfugiés dont elle envoya un grand nombre dans les colonies des deux Indes, avec des avantages considérables. La Hollande fit vingt fois plus pour eux : elle prodigua les pensions et les secours aux militaires, aux gentilshommes, aux ministres. Il se forma des régiments entiers de réfugiés, et le spectacle de ces milliers de fugitifs répandus dans le Nord, et leurs pleurs, et leurs regrets, et leurs invectives même contribuèrent à aigrir les peuples contre la France, et à donner aux alliés, dans la guerre qui suivit ces événements, cette opiniâtreté qui mit la France à deux doigts de sa perte. Les ambassadeurs de S. M. Très Chrétienne écrivaient tous à leur cour, mais le grand cœur de Louis se consolait à l'aspect des statues que l'Église élevait à son honneur, et de la gloire qu'il trouvait à bannir l'hérésie de ses États.

Ambroise et sa troupe, en errant dans les bois et sur les chemins, rencontrèrent plusieurs protestants fugitifs, déguisés en diverses manières. Plusieurs s'incorporèrent à leur troupe, qui grossit insensiblement. Enfin, après avoir parcouru longtemps des chemins perdus, et traversé des montagnes escarpées, Ambroise et ses compagnons arrivèrent à quelques lieues au-dessous de Lyon, où leurs guides leur avaient dit qu'il fallait traverser le Rhône. Ils eurent le bonheur de gagner, avec de l'argent, un patron, qui les passa dans sa barque, et les mit à l'autre bord. Mais il était grand jour et, ayant été aperçus d'un village voisin, ils entendirent sonner le tocsin. Bientôt une vingtaine de paysans armés vinrent fondre sur eux, animés par deux grands motifs : la religion et l'espoir du butin. Les Ordonnances du roi[2] donnent le tiers des effets des fugitifs à ceux qui pourront les arrêter ; et ces lois, pleines de sagesse et de douceur, arment ainsi continuellement une partie des Français contre l'autre. Un autre tiers appartient, par les mêmes ordonnances, aux délateurs, genre d'hommes respectables qu'il est bon d'entretenir dans un État bien gouverné. Que si quelqu'un s'avisait d'avoir la fausse charité de dérober ces fugitifs aux poursuites ou de les favoriser le moins du monde dans leur évasion, une autre loi[3], non moins sage, condamne ce malhonnête homme aux galères. Mais, le législateur s'étant aperçu de sa méprise, et que cette peine était trop douce, la commua en peine de mort le douzième jour d'octobre de l'an de grâce 1687. Ces saintes Ordonnances avaient échauffé toutes les têtes, en sorte que les paysans eux-mêmes, animés d'un esprit de zèle pour le soutien de la législation, étaient partout aux aguets pour arrêter les fugitifs.

Les compagnons d'Ambroise résolurent de se défendre ; et, feignant de se ranger dans un certain ordre de bataille, ils marchèrent droit à eux. Les paysans, effrayés à leur tour, prirent la fuite, et laissèrent ces protestants libres de continuer leur route. Mais leur infortune n'était que retardée ; ils furent guettés, suivis, et, deux jours après, arrêtés en Dauphiné avec leurs guides. Pour le coup, Ambroise n'ignorait pas les Déclarations du roi et la peine qui l'attendait ; aussi, dès ce moment se regarda-t-il comme destiné à finir ses jours sur les galères ; et il se résigna à son sort, comme un homme qui n'a aucun espoir de le voir changer.

Le lendemain, on le conduisit avec ses compagnons dans l'endroit de la route où ils devaient joindre la chaîne. On leur mit au cou des chaînes du poids de quarante ou cinquante livres ; on les attacha avec des voleurs ; on ne leur donna qu'une nourriture grossière, et en très petite quantité ; et quand ils tombaient de lassitude, on les faisait relever à grands coups de bâtons. Au rendez-vous de la chaîne, ils trouvèrent une foule de gens de considération, négociants, avocats, gentilshommes, qui avaient été arrêtés comme eux, et dont plusieurs étaient vénérables par leur âge, leurs infirmités et leurs longs services[4]. Ils arrivèrent ainsi à Valence.

Cependant on écrivait de Marseille que les galères et les prisons étaient pleines, qu'on avait encore garni de prisonniers toutes les maisons fortes des environs, et qu'on ne saurait où loger ces nouveaux hôtes. Il fut résolu d'abord de les mettre, en attendant, dans des cachots ; et comme il convenait de les choisir aussi horribles qu'il se pourrait, on hésitait entre beaucoup de prisons célèbres, dont les cachots sont infects et puants. « À Bourgoin, » disait-on, « les cachots sont si profonds, si étroits et si humides, qu'il faut y dévaler un homme par-dessous les aisselles, et que le plus robuste ne peut pas y rester deux heures sans s'évanouir. Ceux de Grenoble ont bien leur mérite, car le froid et l'humidité y sont tels, qu'au bout de quelques semaines on y perd les cheveux et les dents. Nous avons encore le cachot de la Flocellière, où passent toutes les ordures d'un couvent voisin, et où les gens du lieu prennent la peine de porter des charognes, pour augmenter la puanteur. Mais au fond, dans quel[que] lieu que l'on mette les prisonniers, n'avons-nous pas cette précieuse invention de nos dragons, qui jettent des ventres de moutons pourris dans les cachots, et qui appellent cela *jeter des bombes*[5] ? » Le lecteur que la nature a doué de fibres fortes et d'une certaine raideur dans l'âme verra avec plaisir que dans ce beau siècle de Louis XIV, les esprits avaient encore de l'énergie, et que l'on n'avait pas été amolli par la lecture de Montesquieu, et [de l'ouvrage] du marquis de Beccaria sur les *Délits et les Peines*. Il frémira sans doute en pensant que le gouvernement pourrait bien être tenté de supprimer des lois qui, si on les laissait subsister, entretiendraient au moins ces dispositions aujourd'hui si rares et qu'on a un si grand sujet de regretter.

Ambroise fut d'abord jeté, avec deux de ses compagnons, dans un cachot très étroit, où il leur fut impossible de dormir toute la nuit parce qu'on leur avait laissé leurs chaînes. Ils entendirent des cris plaintifs, et comme des voix de femmes qui poussaient des gémissements affreux ; bientôt elles entonnèrent des psaumes auxquels d'autres voix se joignirent de divers endroits de la prison. Nos trois forçats, émus de ce concert, s'y joignirent aussi, et pendant une heure, cet horrible séjour retentit des hymnes de ceux qui y étaient renfermés. Mais à ces cantiques succédèrent ensuite, dans un cachot au-dessus de celui d'Ambroise, les cris perçants de deux femmes, que quelqu'un maltraitait à grands coups de nerf de bœuf. Cette horrible exécution dura près de demi-heure ; et la porte s'étant refermée avec bruit, ils n'entendirent plus que des gémissements et des sanglots. Nos prisonniers étaient impatients de savoir qui étaient ces femmes, dont la situation semblait encore plus déplorable que la leur ; ils parvinrent à ôter quelques briques du pavé, et s'étant fait entendre à ces femmes, ils leur apprirent qui ils étaient, où ils allaient ; et leur demandèrent ensuite qui elles étaient elles-mêmes, car ils comprenaient bien que la religion seule pouvait être la cause des horribles traitements qu'elles enduraient. Elles leur apprirent qu'elles étaient filles de M. Ducros, avocat de Languedoc ; qu'ayant refusé de changer de religion, on les avait conduites à l'hôpital général de Valence, en vertu d'une Déclaration du roi du 3 septembre 1685[6], qui ordonne que les femmes qui ne voudront pas se convertir recevront la discipline dans les couvents ; que par une interprétation pire encore que la loi, on les avait mises entre les mains du directeur de cet hôpital, nommé d'Hérapine ; que ce scélérat ne laissait point passer un jour qu'il ne les fît pendre toutes nues par les mains, pour les faire déchirer de gaules et de verges en sa présence ; qu'à peine leur donnait-on de quoi se couvrir, ou qu'on leur faisait revêtir des chemises pleines de sang et de pus que l'on ôtait aux malades ; qu'elles couchaient sur la terre, dans des cachots infects, et ne mangeaient que du pain plus propre à les empoisonner qu'à les nourrir ; que les quatre filles d'un négociant de Languedoc étaient renfermées dans la même maison et exposées aux mêmes tourment ; que, depuis peu de jours, M. Menuret, avocat de Montélimar, qu'on y avait renfermé pour avoir voulu sortir du royaume, y était expiré sous le bâton, et qu'il leur faudrait des journées entières pour raconter les affreux traitements qu'on leur faisait subir. Les prisonniers s'encouragèrent réciproquement ; ils se consolèrent par quelques passages de l'Écriture ; et, le point du jour approchant, on ouvrit le cachot où étaient Ambroise et ses deux compagnons ; on les fit lever à grands coups de bâtons, tant pour les punir d'avoir chanté des psaumes pendant la nuit que pour faire plus de diligence ; mais nos forçats, loin de murmurer de ces traitements, priaient pour leurs bourreaux, ce qui leur valut encore quelques coups avant que de sortir du cachot.

1. ↑ Des trois colonies reçues dans les États de ce dernier et qui sont florissantes sous le prince actuel, héritier de toutes les vertus de ses ancêtres, la seule colonie de Frédérichsdorf suffit pour prouver que l'intolérance, en France, a fait du bien aux pays étrangers. Cet endroit

très considérable n'est absolument composé que de familles françaises réfugiées, qui, par leur commerce, leurs fabriques et leurs mœurs jouissent d'une aisance parfaite, et se rendent dignes de la protection du souverain dont elles ont le bonheur de relever.
2. ↑ 26 avril 1686.
3. ↑ 7 mai 1686.
4. ↑ Je pourrais produire des listes de trois mille personnes arrêtées dans les provinces depuis 1744, à l'occasion de leurs assemblées religieuses, et, en particulier, dans le haut et bas Languedoc, les Cévennes, le Vivarais, le Dauphiné, la Provence, le comté de Foix, le Poitou et la Saintonge. Sans parler du commun peuple, on y compterait plus de six cents gentilshommes, avocats, médecins, bons bourgeois et riches négociants, qui ont essuyé tout ce qu'a d'accablant une captivité longue et dure, qui n'a cessé que par le paiement d'amendes et de contributions aussi arbitraires que ruineuses. Plus de mille autres ont été condamnées à des peines infamantes, et l'on compte près de cent gentilshommes parmi eux. Le seul Parlement de Grenoble ajourna trois cents personnes en 1744, et les exposa, par sa citation, à de grands frais de voyages et de procédures. Au mois de juillet 1746, la même Cour députa le sieur Cotte avec la maréchaussée, et une escorte de deux cents soldats. Partout où ils passèrent, sur la simple dénonciation des curés, on faisait subir à des innocents le plus triste sort. Quelque temps après, le Dauphiné vit encore renouveler ces tristes recherches, et plus de trois cents personnes furent condamnées à la mort, aux galères, au fouet, au pilori, au bannissement, à la prison perpétuelle ou à temps, à la dégradation de noblesse, ou à des frais ou des amendes pécuniaires. Cinquante-trois gentilshommes, entre autres les sieurs de Bournat, Berger, Beyles, Saint-Dizier, Bonnet, Châtillon, Oste, Trescou, Château-Double et Saint-Julien perdirent leur état, et il y en eut six qui furent conduits aux galères.

En 1745, 1746, 1747, 1750 et 1751, plus de trois cents personnes, parmi lesquelles se trouvaient quarante gentilshommes et deux chevaliers de Saint-Louis, furent condamnées aux galères perpétuelles par le Parlement de Bordeaux et par les intendants d'Auch, de Montpellier, de Perpignan, de Poitiers, de Montauban et de La Rochelle. Couserans seul en fournit cinquante-quatre exemples. Il y eut même, en 1746 et 1747, cinq condamnés à mort, peine prononcée par l'intendant de Montauban et les Parlements de Bordeaux et de Grenoble.

5. ↑ Voyez *Hist. de l'Édit de Nantes*, par Élie Benoît, tome III.

6. ↑ Comme les lecteurs curieux pourraient chercher cette déclaration du roi dans les recueils faits par les parlements, je dois les avertir qu'elle n'y est point, parce que divers parlements la trouvèrent si dure qu'ils refusèrent de l'enregistrer. Il y a apparence que les autres déclarations leur parurent honnêtes et douces, puisqu'ils les enregistrèrent et les firent exécuter avec tant de rigueur. Quoi qu'il en soit, celle que je cite a été conservée dans les mémoires du temps, et je vais la rapporter ici :

« Louis, par la grâce de Dieu, roi de France et de Navarre, à tous ceux qui ces présentes verront, salut. Les intendants de nos provinces nous ayant fait connaître la docilité avec laquelle nos sujets, que la naissance a tenus jusqu'ici malheureusement engagés dans les erreurs de Calvin rentrent tous les jours dans le sein de l'Église romaine, notre mère, y étant poussés par les vives lumières que nos évêques et missionnaires répandent de tous côtés, et par l'inclination filiale qu'ils ont à se rendre enfin aux soins paternels que nous employons depuis si longtemps à les ramener dans la voie du salut ; nous avons jugé que c'était de notre piété royale et de notre devoir de ne rien oublier pour achever l'œuvre du Seigneur. Et parce qu'on nous a donné à entendre que rien ne s'oppose tant à la sainte résolution que Dieu nous inspire à purger notre royaume entièrement de l'hérésie, que l'opiniâtreté des femmes, qui, ne se contentant pas de refuser les instructions que les catholiques leur offrent si charitablement tous les jours, osent faire du bruit jusque dans les maisons contre leurs maris ou parents qui témoignent de bonnes intentions à embrasser notre sainte religion. Voulant arrêter pour l'avenir tous scandales et désobéissances criminelles aux maris et parents, ordonnons que toutes les femmes et filles qui n'auront point abjuré l'hérésie de Calvin huit jours après la publication de ces présentes seront enfermées dans des couvents, pour y être instruites pendant un mois, après lequel, si elles témoignent encore de l'opiniâtreté, elles seront contraintes de jeûner, veiller, prier, prendre les disciplines avec les autres religieuses des couvents où elles seront jusqu'à leur entière conversion. Enjoignant à tous les maris et parents à dénoncer leurs femmes, filles et parentes qui se trouveront dans le cas de notre présente déclaration, à peine d'être punis conformément aux ordres que nous avons donnés à nos intendants, auxquels défendons par exprès d'user envers aucuns contrevenants d'aucune modération. Et enjoignons de punir d'amendes et de peines corporelles, s'il est nécessaire, ceux qui voudront les solliciter de relâcher en quelque manière de la sévérité de nos lois, en faveur de qui que ce soit sans exception. Donné à Versailles le 3 septembre 1685, et de notre règne le 43e. *Signé* Louis : *Et, plus bas* : Phelipeaux. »

CHAPITRE XIII.

EMBARQUEMENT D'AMBROISE.

Cependant la chaîne s'avançait vers Marseille, et la recrue de forçats étant devenue plus grande qu'on ne l'avait espéré, on ne savait que faire de tant de gens. Il n'y avait que ceux qui étaient chargés de les nourrir que cette lenteur accommodait, parce qu'ils leur donnaient si peu d'aliments et d'une si mauvaise qualité qu'ils y faisaient des profits considérables.

Plusieurs jours se passèrent, pendant lesquels nos forçats ne doutaient pas qu'ils ne dussent monter sur les galères, ainsi que leur sentence le portait. Mais on vint leur annoncer, comme une grâce spéciale, qu'ils allaient être embarqués pour le Nouveau-Monde. Loin de se réjouir de cette nouvelle, ils en frémirent, parce qu'ils avaient ouï dire qu'on y traitait les exilés de la même manière que les nègres. Mais tous leurs gémissements étaient inutiles ; ils avaient à faire à des gens qui ne les écoutaient pas. On pressa l'embarquement.

Les entrepreneurs, chargés de les conduire au Nouveau-Monde, voyant qu'il en mourait tous les jours quelques-uns, craignirent, et d'avoir fait des frais inutiles, et de perdre la taxe qu'on leur donnait, en partant, pour chaque passager. Ils insistèrent si fortement, et surent lâcher une somme si à propos, que tout fut prêt pour le départ. Les exilés fondaient en larmes, à l'aspect des vaisseaux ; ils se couchaient sur le rivage ; ils embrassaient avec fureur cette terre de proscription où chacun d'eux laissait quelque chose de cher ; ils craignaient autant de quitter la France qu'ils l'avaient désiré quelque temps auparavant. Après s'être amusés quelques moments de l'abondance de leurs larmes[1] et des mouvements expressifs de leur douleur, on les contraignit à s'embarquer ; et les côtes de France s'abaissant graduellement derrière eux, elles disparurent enfin à leurs regards.

Après deux ou trois journées de navigation, le capitaine du vaisseau songea à exécuter un projet qu'il avait tenu soigneusement caché : c'était de faire couler à fond le bâtiment. On l'avait choisi bien vieux et déjà il faisait eau de toutes parts ; on transporta dans la chaloupe tout ce qu'il y avait de plus précieux, et le capitaine y passa lui-même avec son petit équipage. Deux matelots seulement restèrent pour exécuter ses ordres, ce qui se fit avec toute l'intelligence possible. Ils ôtèrent un tampon qui bouchait une voie d'eau, et se jetèrent à la nage pour rejoindre la chaloupe. Quelques-uns des exilés, du nombre desquels était Ambroise, voyant le péril, brisent leurs fers, courent à la pompe, travaillent longtemps avec effort ; mais tout cela fut inutile. L'eau gagna insensiblement le fond de cale ; et au milieu des balancements effrayants du navire, ils se sentirent descendre et s'engouffrer enfin dans les abîmes des eaux[2].

1. ↑ Des soldats ont bien pu être coupables d'une bassesse que l'on reprochait à des personnes de la première qualité. Le comte de Tessé avait fait arrêter quelques malheureux ; une personne de condition vint se jeter à ses pieds pour demander leur grâce, et ses discours étaient coupés de sanglots plaintifs et de larmes. Le comte se mit à genoux aussi devant cette personne, joignit les mains comme elle, et se mit à contrefaire la douleur par mille contorsions, tordant les yeux et la bouche, et poussant de longs hurlements. E. Benoît, *Hist. de l'Édit de Nantes*, tome III, liv. XXIII, p. 857.
2. ↑ Voyez Benoît, *Hist. de l'Édit de Nantes*, tome V, à la fin. On y trouve une liste des personnes envoyées en Amérique. Voyez aussi les *Lettres pastorales* de Jurieu.

CHAPITRE XIV.

AMBROISE ÉCHAPPE À UN GRAND PÉRIL.

Il y avait sur ce vaisseau un Rochelois que diverses aventures avaient conduit en Languedoc, et qui avait été condamné aux galères, parce qu'il était laquais chez un gentilhomme protestant[1]. Cet homme avait été matelot, et ne s'était pas réfugié en Angleterre lorsque trois mille familles de Saintonge, presque toutes composées des meilleurs hommes de mer de la France, avaient été y chercher le repos. Ce brave homme, qui était excellent marin, voyant que le vaisseau allait couler à fond, s'arma d'une hache, mit en pièce le mât d'artimon et se jeta à la mer ; il eut encore le temps de couper plusieurs planches du tillac. Ambroise l'aidait de tout son pouvoir ; et se jetant à l'eau avant que le vaisseau fût près de s'engouffrer, ils gagnèrent leurs planches à la nage. Trois de ces malheureux échappèrent par ce moyen à cette nouvelle infortune. Le Rochelois leur enseignait à se soutenir sur les eaux pour ménager leurs forces ; et comme il soufflait un vent d'Est, qui poussait vers les côtes d'Espagne, il en profitait pour diriger de ce côté la planche qui le portait. Ses compagnons le suivirent de leur mieux. Douze heures se passèrent ainsi sans qu'ils s'aperçussent trop de leurs progrès ; et ils étaient sur le point de périr de fatigue et de faim, lorsqu'un vaisseau, qui s'avançait vers eux en louvoyant, leur rendit l'espérance. Ils poussèrent tous à la fois de grands cris, qui enfin furent entendus ; on leur envoya la chaloupe. Il est impossible d'exprimer le plaisir qu'ils ressentirent de n'entendre point la langue de ceux qui leur parlaient. « Dieu soit béni, » dirent-ils tous à la fois, « nous ne sommes plus avec des Français ! — Nous n'aurons plus à craindre les déclarations du roi, » disait Ambroise ; et il se rappelait alors la longue suite de ses infortunes depuis l'année 1685, où il avait perdu son père, jusqu'à ce moment où il se trouvait au milieu de la Méditerranée, presque à demi mort, avec des gens dont il n'entendait pas le langage.

Mais le langage de l'humanité est bien intelligible. On témoigna à nos trois Français tant de compassion pour leur état ; il y avait dans la physionomie haute, mais expressive, de ces inconnus, tant de sensibilité, que ces infortunés comprirent qu'ils étaient avec des hommes, et que le terme de leurs peines s'approchait. Arrivés au vaisseau, on les fit coucher ; on leur donna une nourriture pleine de substance, mais légère. Ces pauvres gens pouvaient à peine se persuader qu'ils voyaient autour d'eux des matelots et des soldats qui, loin de les torturer, leur témoignaient la plus vive compassion, et leur tendaient mille secours.

Ces libérateurs étaient des Anglais qui venaient croiser devant Gibraltar, lequel ne leur appartenait pas encore. Le chapelain entendait un peu de français ; il eut quelques conversations avec ces inconnus, qui lui racontèrent leurs infortunes ; il versa des larmes sur leur sort ; tout l'équipage en répandit aussi ; mais elles étaient d'indignation et d'horreur. Enfin, la commission de ce vaisseau étant remplie, on tourna du côté de Londres, et chacun de nos Français y trouva un établissement conforme à ses talents. Ambroise ayant quelque connaissance du commerce, fut placé dans une maison française. Dans peu de temps il eut appris la langue du pays ; et, la fortune l'ayant favorisé, il gagna en quelques années des richesses considérables.

1. ↑ Déclaration du roi du 11 janvier 1686. Cette déclaration porte que le roi reconnaît que sa déclaration du 9 juillet 1685, qui défend à ses sujets catholiques de prendre des domestiques de la religion prétendue réformée, retarderait aujourd'hui la conversion des protestants ; qu'il est dangereux de laisser aux nouveaux convertis la liberté de se servir de domestiques de ladite religion ; qu'en conséquence, aucun de la R. P. R. ne puisse, sous quelque prétexte que ce soit, servir en qualité de domestique ceux de la même religion, à peine de mille livres d'amende pour les maîtres et pour les domestiques, des galères pour les hommes et du fouet pour les femmes, etc.

CHAPITRE XV.

NOUVELLES AVENTURES D'AMBROISE.

Qu'est-ce que cet attachement que nous avons pour la contrée où nous sommes nés, auquel on donne le nom imposant d'amour de la patrie ? Si nous regrettons les lieux où nous avons pris jadis des amusements dont le souvenir nous est agréable, n'est-ce point que l'homme, mécontent du présent, aime à regretter le passé, par la même raison qui lui fait aimer à former des projets et des espérances pour l'avenir ? Se plairait-on à se rappeler les plaisirs, d'ailleurs assez insipides, de son village ou de sa petite ville, les maisons, les champs, les bois que l'on a parcourus dans sa jeunesse, si l'on était véritablement satisfait de sa situation actuelle ?

Ce mécontentement du présent a, dit-on, une influence plus sensible dans l'atmosphère de Londres. Ambroise l'éprouva : il avait le *spleen* ; et dans ses accès de mélancolie, il regrettait sa petite ville, les coteaux qui l'entourent, le torrent pierreux qui baigne ses murs, et les prairies qu'il avait foulées dans sa jeunesse. Il ne put résister à l'envie de voir son pays, malgré tout ce que firent pour l'en détourner ses amis et cette troupe de réfugiés dont la ville était remplie. Il leur répondait que, depuis son absence, le sort de ses frères était fort adouci ; que le flambeau de la raison, à laquelle nous donnons le nom plus imposant de philosophie, répandait sur toute la France une lumière éclatante ; que les Français étaient tous des sages ; que l'on parlait d'humanité et de tolérance, dans tous les livres et dans tous les journaux ; et que tout annonçait que son pays était devenu fort tolérant et fort humain.

En conséquence de ce raisonnement, Ambroise s'embarqua à Douvres, plein d'impatience de revoir sa chère patrie. Il est aisé de comprendre qu'on ne le reconnut plus dans sa petite ville ; son habillement servait encore à le déguiser. C'était alors la mode en France de porter les tailles longues et les grands chapeaux ; et les Anglais, pour nous morguer, avaient pris les tailles courtes et de petits chapeaux, que nous adoptâmes l'année d'après : ce qui les engagea à les quitter eux-mêmes. L'équipage d'Ambroise annonçait l'opulence sans faste et sans éclat, et cette magnificence d'un homme qui jouit pour soi, sans s'embarrasser de ce qu'en pensent les autres.

CHAPITRE XVI.

AMBROISE VA AU PRÊCHE.

Ambroise né dans la religion protestante, élevé par une mère qui avait tout sacrifié à sa conscience, affermi peut-être dans ses opinions par les moyens qu'on avait employés pour les lui faire quitter, Ambroise était ce que l'on appelle religieux, À peine avait-il pris le temps dont il avait besoin pour se reposer, qu'il voulut assister au culte public de ses frères. On le conduisit à la campagne, dans une lande couverte de bruyères et de joncs ; quelques chênes verts semés çà et là y faisaient un peu d'ombrage ; mais comme on était alors en été, et que la chaleur était excessive, et telle qu'on l'éprouve dans les contrées méridionales, il s'en fallait beaucoup que cet ombrage fût suffisant pour garantir ceux qui s'y étaient rassemblés. Il se rendit environ quatre mille personnes dans ce désert brûlant ; elles y récitèrent des prières publiques ; elles y chantèrent les louanges du Dieu des villes et des déserts ; et, ayant écouté

IL SE MET EN ROUTE POUR ALLER ASSISTER AU CULTE DE SES FRÈRES.

un discours qui avait pour but de leur inspirer la vertu, chacun se retira chez soi, trempé de sueur, mais satisfait d'avoir rendu à Dieu l'hommage qu'il croyait lui être agréable.

Quelques personnes étant allées dans une maison de campagne peu éloignée, pour y prendre leur repas, Ambroise y fut convié. Il y avait dans la compagnie deux étrangers que la curiosité seule avait conduits dans cette assemblée. L'un d'eux était un de ces observateurs ingénieux qui voyagent encore plus pour étudier les hommes que pour connaître les monuments de l'antiquité ; il disait que c'est particulièrement dans les rendez-vous de la multitude que l'on connaît les mœurs et l'esprit général d'un peuple, que c'est sur l'opinion du grand nombre que les lois doivent être fondées, soit pour la réformer quand elle est vicieuse, soit pour la tolérer quand elle est indifférente, soit pour lui donner des encouragements quand elle contribue au bien de la société ; il pensait que les observateurs devaient s'attacher par-dessus tout à étudier cet esprit général qui varie bien plus que les climats et les habits. Son compagnon plus jeune, n'ayant encore que regardé les hommes sans les approfondir, n'avait pas eu le temps de comparer les opinions particulières de certains peuples avec les idées primitives qui se retrouvent chez toutes les nations. Il était aussi plus léger dans ses propos. Il avait été choqué de la musique monotone qu'il avait entendue, et surtout des méchantes rimes sur lesquelles elle était composée, et il le témoigna aux convives d'un ton un peu moqueur.

— Nous convenons, monsieur, lui dit modestement un homme de la compagnie, que ces vers sont antiques et la musique traînante, mais voilà quel est l'empire de l'usage. Quand nos aïeux adoptèrent la traduction de Marot, ils la trouvèrent en vogue à la cour. Marot était un des premiers poètes de son temps, et l'on ne pouvait faire un meilleur choix. Si nous continuons à nous servir de ses psaumes, c'est qu'il est difficile de changer les usages établis, et que peu de gens ont le courage de surmonter cette difficulté ; quant à la musique, elle est de Goudimel, qui fut tué dans la journée de la Saint-Barthélemy ; elle est belle et noble ; le célèbre Jean-Jacques l'appelle « l'harmonie forte et mâle de

Goudimel ; » mais elle est mal chantée, parce qu'elle est livrée à la multitude qui ne peut s'accommoder d'une musique un peu difficile. Cependant cela peut être réformé ; il ne nous faudrait qu'un peu plus de tranquillité, car vous sentez qu'on ne songe guère à parer le temple, lorsqu'il tombe en ruine de toutes parts.

— Mais enfin, monsieur, reprit le jeune homme, pourquoi une musique, pourquoi des prêches, pourquoi des psaumes ? Ne pourriez-vous pas vous contenter de prier Dieu chez vous de la façon que vous l'entendrez, sans vous exposer à cet affreux soleil qui m'a desséché le cerveau ? Pour moi, je pense que tout hommage est agréable à Dieu, et je ne crois pas qu'il vous ait ordonné de l'ennuyer d'une méchante musique.

— Vous pensez ainsi, lui répondit le même homme, et moi je pense autrement ; agissez selon votre opinion, mais laissez-moi me conduire selon la mienne. Je puis me tromper, il est vrai ; mais vous pouvez vous tromper aussi. Si vous croyez que Dieu ne vous a rien ordonné, à la bonne heure ; mais moi qui crois que Dieu exige que je l'adore de la façon dont je l'adore ; je désobéirais à ma conscience, si j'en agissais autrement. Je veux bien croire avec vous que Dieu n'exige pas que je chante sa puissance et sa bonté en mauvais vers, mais je crois que les vers bons ou mauvais lui sont également agréables, parce que c'est le cœur qu'il me demande et qu'il n'a pas des organes comme nous. Je crois encore qu'il est indifférent au Dieu de toutes les nations et de toutes les langues, que je chante ses louanges en latin ou en français ; mais je crois plus raisonnable et plus utile pour nous de le faire dans la langue que nous entendons. Enfin, monsieur, jusqu'à ce qu'on m'ait prouvé que je ne dois à Dieu aucun hommage public, il faut absolument que je lui rende celui que je suis persuadé qu'il m'a prescrit.

Le vieux voyageur prit alors la parole, et dit à son compagnon : — Mon ami, j'ai parcouru beaucoup de pays, j'ai vu une partie de l'Asie et de l'Afrique ; j'ai pénétré assez avant dans l'intérieur des terres brûlantes de cette dernière partie du monde ; et j'ai vu une espèce de culte établie partout où j'ai trouvé des peuples policés. J'ai lu les histoires des anciens peuples, et j'ai encore vu que tous ceux qui avaient une police avaient aussi une religion ; et que ces deux institutions dataient de la même époque. Cela m'a fait soupçonner qu'il se pouvait bien que cette lueur eût été donnée à l'homme pour le conduire à la justice, comme celle de la sociabilité pour l'amener à goûter les bienfaits de la législation ; et comme je ne puis pas douter que l'instinct de société que je vois dans l'homme ne lui soit naturel et inné, j'ai soupçonné que ce pouvait être aussi un instinct qui le portait, par tous pays et dans tous les temps, à invoquer et à adorer une puissance supérieure.

— C'est-à-dire, monsieur, que vous croyez encore aux idées innées, quoique Locke ait évidemment prouvé…

— Je ne dis pas qu'il y ait des idées innées ; mais je suis bien tenté de croire qu'il y a des sentiments innés.

— Et quelle différence y mettez-vous ?

— La voici. Les idées sont le résultat des sensations que nos organes transmettent au cerveau ; or, il est clair qu'avant que les organes aient rien transmis, le cerveau ne peut avoir aucune idée.

Mais les sentiments sont des dispositions naturelles que nous avons à suivre machinalement certaines lois qui nous ont été prescrites. Ainsi l'amour maternel est un sentiment inné. Ainsi l'instinct des animaux leur est inné ; il n'est, chez eux, ni le fruit de la réflexion, ni celui de l'expérience. Et comme j'appelle instinct leur adhésion aveugle à des conséquences dont ils ignorent les prémices, et que tous suivent sans qu'ils sachent pourquoi, je crois qu'il faudra donner le même nom à ceux de nos sentiments que tous les hommes suivent dès leur entrée au monde sans qu'ils y aient été formés et instruits. Il me semble évident, par exemple, que l'homme est porté, poussé à vivre en société, comme la fourmi, et le castor et l'abeille ; et que comme l'abeille n'est point ce qu'elle doit être si elle vit seule et séparée des autres abeilles, de même l'homme qui vivrait seul serait faible, ignorant, imparfait, et hors d'état de se perfectionner. Qu'a fait la nature ? une petite opération toute simple : elle nous a soumis à une loi qui nous porte à chercher nos semblables ; et voilà des villes, des lois, bonnes ou mauvaises, des tribunaux, des États, des empires.

— À quoi voulez-vous en venir ?

— À ceci. C'est que voyant tous les hommes s'accorder à rendre un culte bon ou mauvais à la puissance supérieure, je soupçonne qu'ils y sont portés par une loi de laquelle ils ne se doutent pas ; et je vous avoue que si le Créateur a usé de ce moyen, je le trouve plus court que s'il avait abandonné cette conséquence à la lenteur de leur expérience et à l'incertitude de leurs raisonnements. Cependant je puis me tromper, — cela m'est arrivé si souvent ! — j'ai eu le malheur de relever avec tant de mépris et de légèreté des opinions que j'ai ensuite adoptées, que je ne veux plus combattre les sentiments d'autrui qu'avec les égards que je dois à des hommes qui peut être pensent mieux que moi.

— Vous croyez donc que le Créateur nous inspire de réciter certains formulaires, de fléchir les deux genoux, de nous tourner vers l'Orient, de mettre une robe blanche de fin lin, de chanter vêpres et mâtines ?

— Je ne vous ai parlé que de l'idée simple qu'il peut avoir gravée au cœur de l'homme, et non des accessoires que les hommes peuvent y avoir ajoutés. Dieu dit à tous : « Adorez-moi en esprit et en vérité ; » l'imagination et le luxe des hommes ont fait le reste. S'il y a un Dieu et qu'il nous soit connu, nous ne pouvons éviter de l'admirer ; or l'admirer, c'est l'adorer. Mais l'adorer tout juste au soleil levant ou bien à minuit précis, admirer ses perfections avec un surplis bien blanc, ou avec une robe d'étamine noire, chanter en plain-chant ou en quatre parties, c'est ce que chacun peut faire selon sa conscience ; et si j'étais roi, je ne voudrais point persécuter ceux qui chanteraient d'une ou d'autre façon.

— Il semble, à votre raisonnement, que vous pensez qu'au fond l'extérieur du culte est une chose très indifférente. Dans ce cas, pourquoi le roi ne forcerait-il pas ceux qui ont un autre extérieur d'adopter le sien ?

— Hé ! monsieur, pour mille raisons : la première, c'est qu'il ne réussirait pas. Cette tentative nous a déjà coûté cinq guerres civiles et trois millions de citoyens ; voilà une expérience un peu coûteuse. Vous voyez, par le zèle de ces messieurs, combien ils tiennent à cette opinion. Fût-elle une erreur, ils la croient une vérité ; et pour eux c'est précisément la même chose. J'ose dire que jusqu'à ce qu'ils aient trouvé mieux, ils sont obligés de la suivre. Je voudrais de tout mon cœur que les idées des hommes s'ennoblissent et se perfectionnassent ; je donnerais tout mon sang pour cela ; mais je ne voudrais pas que, pour les y amener, on versât une goutte du leur.

Il y eut alors un murmure d'applaudissement chez tous les convives. Ces cœurs flétris et humiliés par de longues infortunes s'épanouissaient aux discours humains de l'étranger, comme des fleurs battues par l'orage entr'ouvrent leur sein à l'approche du calme.

Hélas ! messieurs, leur dit alors l'un d'eux, vous dites bien ; nous pouvons nous tromper ; il nous semble que le culte simple que nous rendons à Dieu est celui qui se rapproche le plus de la nature ; nous ne rejetons même les autres que parce qu'il nous paraît qu'ils s'en éloignent trop, et que ni Dieu ni la nature ne les ont prescrits ainsi. Notre conviction du moins ne peut être suspecte, et les périls auxquels nous nous exposons prouvent que nous sommes de bonne foi ; mais s'il était indifférent, comme le pense monsieur, que les hommes rendissent à Dieu tel ou tel culte, cet objet ne vaut donc pas la peine que l'on égorge ceux qui ont le malheur d'avoir une persuasion qui leur devient si funeste.

La sensibilité aux maux d'autrui est un sentiment caché dans le fond de tous les cœurs ; l'intérêt personnel et le préjugé l'étouffent souvent, mais il est des moments où il se développe, où il éclate même avec d'autant plus de force qu'il avait été plus comprimé. Le jeune voyageur l'éprouva ; il avait d'abord regardé les protestants avec le mépris que nous avons l'injustice de ressentir pour les opprimés, sans examiner seulement s'ils ont raison ou tort. La réflexion de son compagnon, avait été d'ailleurs pour lui un trait de lumière. « En effet, » disait-il, « si le culte divin est une loi éternelle dictée par l'Être suprême, ces gens-ci suivent sans le savoir une loi cachée de la nature ; que s'ils y ajoutent quelques pratiques indifférentes, ce n'est peut-être pas un crime ; et du moins ils ne sont pas plus coupables que les autres peuples du monde. Leur culte même étant le plus simple de tous ceux qui existent, ils ont moins ajouté que les autres à l'instinct universel. »

Les sentiments du jeune homme se peignaient sur sa physionomie franche et ouverte.

— Ne croyez pas, messieurs, dit-il aux convives, que j'aie voulu insulter à vos maux, en tournant en ridicule les opinions qui vous les attirent. Des malheureux, quels qu'ils soient, seront toujours pour moi un objet de respect, et je sais trop que, pour être persécuté, il ne faut souvent qu'avoir raison. Je croirais même pouvoir établir pour règle générale que, de deux partis dont l'un persécute l'autre, c'est le persécuteur qui a tort. Mais souffrez que, comme ami des infortunés, je vous fasse faire quelques réflexions. Si celle de mon ami vous a frappés, vous devez avoir senti que ce qu'il y a d'essentiel dans le culte, c'est l'hommage rendu à Dieu ; mais que ce qu'il y a d'indifférent, c'est la manière ou le rite extérieur de cet hommage. Pourquoi donc ne vous en tiendriez-vous pas au culte du cœur, ou, tout au plus, au culte domestique qui ne vous est pas défendu ? Vous rendriez ainsi à Dieu ce que vous lui devez, et vous ne seriez pas exposés aux punitions des hommes.

Hé ! monsieur, lui répondit alors le maître de la maison, pensez-vous que nous ne le fissions pas, si nous avions l'opinion que vous avez ? Mais notre opinion est autre. Nous croyons que Dieu veut que nous l'adorions de telle manière, et nous ne pouvons adhérer à aucun autre culte ; il faut bien, de l'aveu même de votre ami, que nous obéissions à notre conscience, parce que nous ne la croyons pas erronée.

Mon cher ami, dit alors le plus âgé des voyageurs, ne poussez pas mes principes plus loin que je ne l'ai voulu, et surtout n'y joignez pas des conséquences que je n'adopte point. Remarquez bien que ce n'est pas le culte domestique que nous voyons établi sur toute la terre, mais bien le culte public. Tous les peuples ont eu des temples ou des rendez-vous religieux, dans lesquels l'adoration a pris une certaine forme. Le mal, chez ces peuples, n'a pas été d'avoir pris cette forme, mais d'avoir haï ceux qui, sans les consulter et sans les connaître, en avaient adopté une autre. Je regarderais comme un très grand malheur pour l'humanité que l'on fermât les temples et que l'opinion prévalût de n'adorer Dieu qu'en particulier.

— Vous me surprenez. Comment ? n'est-ce pas alors que l'on verrait enfin sur la terre cette paix que les théologiens en ont bannie ? plus de querelles religieuses, plus de ces guerres sacrées des hommes habillés de blanc contre les hommes habillés de noir ; plus de bannières dévotes pour rallier les persécuteurs ; plus de prétexte pour se faire persécuter, et par conséquent plus de ces maux qui ont désolé l'Europe pendant tant de siècles.

— Il est vrai, nous n'aurions pas ces maux, mais nous en aurions d'autres ; car telle est la faiblesse naturelle et par conséquent incorrigible de l'humanité, qu'il y a des inconvénients à toutes ses institutions et à toutes ses manières d'être. Si on ne parlait plus aux hommes en public, ni des peines de la vie à venir, ni des récompenses promises à la vertu, il est évident qu'il n'y aurait bientôt plus de religion ; et vous voyez que nous agitons à présent la grande question : Si la religion ne fait pas le malheur des hommes ; et il s'en faut bien que je sois décidé pour l'affirmative. Cette discussion demanderait une assemblée de philosophes ; mais ce dont il s'agit entre nous, par rapport à ce peuple simple que nous sommes venus observer dans ce désert, c'est de savoir si l'on doit ôter aux protestants leur culte public ou leur religion, car c'est la même chose ; si, au centre d'un royaume dont les habitants ont une religion, il serait sage d'établir un peuple qui n'en eût point ; si ce peuple ayant connu un certain culte, il est prudent ou seulement il est possible de l'en priver ; si cela peut s'opérer ou par des arguments ou par des lois ; et quel effet résulterait pour l'État de cette privation soudaine et si peu ménagée.

— Monsieur, lui dit un des convives, l'expérience est toute faite : ici, dans ce pays même où vous vous trouvez, les peuples qui le remplissaient se trouvèrent sans culte, lorsque les ministres eurent été chassés. Trop opposés à celui de la religion dominante, que mille violences ne purent les contraindre d'embrasser, ils se virent sans instruction, sans assemblées religieuses et sans prières. Eh bien ! qu'en arriva-t-il ? Conservant toujours le souvenir de leurs temples, que la privation leur rendait plus chers, ils s'assemblèrent en secret ; le premier venu faisait les fonctions publiques ; des femmes et des enfants se mêlaient de les remplir. Ces ignorants suppléaient à ce qu'ils n'avaient pas appris par des idées absurdes ; bientôt ils firent les prophètes ; les peuples à qui il fallait du pain, quel qu'il fût, donnèrent dans les mêmes visions, et tous tombèrent dans un fanatisme ridicule qui n'avait plus de religion que le nom. Quand ensuite on renouvela les anciennes rigueurs dont ce pays avait été le théâtre, les enfants résistèrent aux persécutions que les pères avaient souffertes sans se plaindre ; quelques fanatiques prirent les armes, et ce fut, avec les violences des prêtres, une des causes de la guerre des Camisards. Le fanatisme ne cessa que lorsque le culte fut renouvelé selon le rite des autres protestants de l'Europe.

— Voilà, reprit le voyageur, ce que j'aurais prédit ; quand vous aviez des ministres, ils vous exhortaient à la patience et vous encourageaient au martyre ; ils vous représentaient les persécuteurs comme les instruments de la Providence : mais, depuis, vous ne vîtes en eux que vos ennemis, et vous tentâtes de repousser la force par la force.

— Nous détestons, monsieur, leur conduite, plus encore que la violence qui l'occasionna, et maintenant nous regardons la fuite de notre patrie comme l'unique réponse à ceux qui nous la feraient haïr.

— Cependant, messieurs, leur dit encore le jeune homme, vous ne pouvez nier que des attroupements tels que les vôtres n'aient quelque chose de criminel. Si les catholiques d'Angleterre s'assemblaient au mépris des lois, le gouvernement les réprimerait, et il ferait bien.

— La comparaison n'est pas juste, répondit Ambroise : je viens d'Angleterre, monsieur ; les catholiques n'y ont pas un état brillant, mais ils sont tolérés ; ils ont leurs prêtres, leurs maisons d'oraison, leurs assemblées. Ils ne sont pas assez fous pour aller chercher aux déserts ce qu'ils ont dans les villes ; mais s'ils s'assemblaient en foule dans les champs, il est clair que ce ne pourrait pas être pour y trouver une certaine liberté qu'ils ont déjà ; ils deviendraient suspects et mériteraient d'être réprimés. J'ai vu cependant en Angleterre les méthodistes s'assembler dans la campagne pour y prier à leur façon. Le gouvernement ne s'en est pas inquiété, et il a bien fait, car s'il les eût persécutés, il n'aurait fait qu'en doubler le nombre. Nos assemblées ne sont que des attroupements ; et ce qui prouve qu'elles n'ont rien de séditieux, c'est que nous y admettons les femmes, les enfants et les étrangers. Elles ne sont suspectes au gouvernement que parce qu'il le veut bien. Qu'il les tolère, qu'il les autorise ; que les chrétiens du dix-huitième siècle nous accordent ce que les chrétiens du second demandaient aux empereurs ; et ces assemblées ne seront que le rendez-vous de gens simples et pieux qui prient en français pour leur patrie et pour leur roi.

Il était tard et les voyageurs avaient un peu de chemin à faire ce jour-là ; ils prirent congé. Le maître de la maison voulut leur faire voir la campagne ; ils virent une métairie toute neuve, et, auprès, des masures noircies par le feu. Il leur dit que sa maison avait été démolie trois ou quatre fois depuis le temps de M. de Rohan, et qu'enfin elle avait été brûlée par les soldats du roi, lors de la guerre des Camisards. Il leur fit voir de loin deux ou trois villages qui avaient été brûlés aussi. — Quelques-unes de ces campagnes, leur dit-il, sont encore en friche depuis la célèbre révocation. Effrayés par les lois pénales, nous n'osons guère acheter des biens-fonds, de peur d'être obligés de les abandonner. Cependant nous nous sommes hasardés à replanter des mûriers, qui nous rapportent considérablement. Nous alimentons déjà les fabriques avec des soies de notre cru. C'est nous qui payons les trois quarts des impôts de ces cantons ; et les impositions sur notre industrie en particulier ont doublé depuis dix ans. Que de bien ne ferait pas une tolérance solide, et qui ne serait plus soumise à l'inconstance des principes adoptés ou rejetés alternativement par la cour !

— Croyez, dit l'étranger ému, que je ne laisserai point échapper l'occasion de parler de vous et de vous faire connaître. Tous ces maux ne nous affectent guère quand on nous les raconte de loin ; mais ce que j'ai vu aujourd'hui ne s'effacera jamais de ma mémoire.

Les protestants étaient consolés ; les voyageurs étaient attendris ; et ils ne se séparèrent les uns des autres qu'avec ces témoignages de sensibilité qu'excitent dans les cœurs bien faits le spectacle de l'infortune et la reconnaissance due à ceux qui s'intéressent pour elle.

CHAPITRE XVII.

MORT DE LA FEMME D'AMBROISE. IL A UN PROCÈS POUR SON MARIAGE ;
IL LE PERD ET SE RETIRE EN ANGLETERRE.

Ambroise se croyait enfin à l'abri des coups du sort. Il s'était marié, et se livrait tout entier aux délicieuses impressions de l'union la plus parfaite qui exista jamais. Il faut avoir éprouvé les coups redoublés de l'infortune pour pouvoir savourer le bonheur. Mais ses peines n'étaient pas encore terminées : sa femme lui fut enlevée quelque temps après qu'elle l'eut rendu père. Le désespoir fut extrême dans cette âme forte et sensible ; rien ne pouvait le distraire de la profonde tristesse dans laquelle il était enseveli ; sa mélancolie le reprit, et il se serait dégoûté de la vie comme il l'était des hommes et de la société, si la tendresse paternelle ne l'eût ramené sans cesse auprès du berceau qui renfermait le gage de la plus vive amitié et l'aliment de la plus juste douleur.

Ambroise s'opiniâtra longtemps à ne recevoir aucune visite ; il cherchait dans la religion des ressources contre son désespoir ; les douceurs de la piété tempéraient la force de son caractère ; et lorsque, après de longs combats les consolations, de la religion prenaient le dessus, il se sentait attendrir, et des larmes coulaient de ses yeux. Il s'approchait alors du berceau de son fils, il parcourait tous ses traits dans lesquels il se plaisait à retrouver ceux d'une épouse chérie, et il se décidait à surmonter sa douleur, pour veiller sur les jours d'une créature innocente et faible dont il était le soutien.

Un jour qu'il tenait son fils entre ses bras et qu'il le baignait de ses larmes, il vit entrer chez lui un huissier qui, après les révérences usitées, lui remit un papier griffonné qu'Ambroise eut beaucoup de peine à déchiffrer. C'était une assignation en forme pour avoir à renoncer aux biens et droits de feue demoiselle Sophie Robinel, dont il se disait faussement avoir été l'époux, attendu qu'elle n'était pas sa femme légitime, etc. L'horrible papier lui tomba des mains. L'assignation était donnée au nom des sieur et dame Robinel, père et mère de la défunte, lesquels se voyaient avec peine obligés de payer une dot qu'ils n'avaient pas encore livrée, et dont le terme était échu. Quoique Ambroise fût généreux et qu'il n'eût pas même songé à exiger le paiement de la dot de sa femme, il ne put se résoudre à renoncer à un bien qui appartenait à son fils. L'horreur du procédé l'aigrissait : « C'est à la vertu, » disait-il, « qu'il faut faire des sacrifices, mais le vice honteux doit être traité sans ménagement. À Dieu ne plaise que je cède, par faiblesse d'âme, des richesses que je méprise, mais dont je ne dois disposer qu'en consultant la justice et la générosité ! »

Le lecteur un peu instruit comprend qu'Ambroise n'avait point fait célébrer son mariage en face de l'église C. A. Romaine, ainsi que quatre ou cinq cent mille autres, qui ont procréé, comme on sait, environ deux millions d'enfants illégitimes à la gloire immortelle de notre législation. Il est clair que le mariage légitime n'a existé que dans les pays soumis aux canons du concile de Trente ; que le mariage n'est valide que lorsqu'il est sanctifié par le sacrement, et que, ne devant être accordé qu'aux catholiques, il suit évidemment qu'il n'est permis qu'aux catholiques de se marier. Ambroise, qui ne saisissait point toute cette belle doctrine, soutenait que le consentement des parents et des parties font le mariage, que le contrat en constate les conditions, que la cohabitation publique en fait la notoriété, que les enfants qui en naissent resserrent ces liens précieux auxquels ils doivent l'existence ; qu'ils sont légitimes parce que le pacte est réel et que les conditions en ont été remplies, et que le *bien* que le prêtre *dit* au mariage, ou la *bénédiction*, ne le consacre que devant Dieu, que l'on prend à témoin de ses promesses. Le sens commun nous apprend cela, disait Ambroise. Son procureur sourit dédaigneusement à toutes ces belles raisons tirées du droit naturel et de l'esprit des lois de tous les autres peuples de la terre. — Il est bien question de sens commun, lui dit-il ;

nous sommes en France, Monsieur, et c'est sur les lois françaises que vous serez jugé. Or les lois exigent que notre mariage soit célébré en face de l'église, sous peine de nullité ; et c'est ce que vous n'avez pas fait[1].

— Hé ! comment pouvais-je le faire, dit Ambroise, si le prêtre ne peut pas administrer ce sacrement aux hérétiques ? M. le curé ne m'aurait pas marié.

— Vous n'aviez qu'à embrasser notre religion.

— Mais cela ne m'est pas possible, puisque je n'y crois pas ; et vous n'entendez pas sans doute que j'eusse dû faire un acte d'hypocrisie et de profanation ?

— Non, car je vous mépriserais.

— Que fallait-il donc que je fisse ?

— Il fallait ne pas vous marier.

— Je suppose que cela me fût possible ; comment voulez-vous que douze cent mille garçons et douze cent mille filles gardent le célibat ? Fi donc, monsieur : vous avez là une morale perverse, et il semble que vos lois n'ont été faites que pour favoriser les mauvaises mœurs.

— Ce n'est pas mon affaire, et de plus habiles que moi trouvent cela fort bien. Je ne suis pas chargé de défendre nos lois ni de les réformer, et je ne vous dois que des conseils. Votre mariage n'est pas légal : il sera cassé ; votre fils sera illégitime, et il ne pourra point hériter des biens de sa mère ni des vôtres.

— Eh bien ! monsieur, je veux en courir le hasard ; au fond, ce n'est que de l'argent que je puis perdre, car mon honneur n'est point au pouvoir de la loi ; et pour la fortune et l'honneur de mon fils, je saurai bien les lui soustraire.

Ambroise se décida donc à défendre la mémoire de la vertueuse épouse qu'il pleurait, et l'état de son fils. Il se procura d'excellentes consultations de M. Élie de Beaumont ; de MM. Mariette et L'Oiseau ; de MM. Target et Gerbier ; de MM. Pas calis et Pazery d'Aix ; de MM. La Croix et Jamme de Toulouse ; il prit l'avis de M. Servan de Grenoble et de tout ce qu'il y avait de plus célèbres jurisconsultes dans le royaume. Tous décidèrent que les protestants étant obligés par les lois de rester dans le royaume, où il leur était permis de jouir de tous les effets civils, et, ne pouvant, comme protestants, demander ni obtenir la bénédiction nuptiale du prêtre, il ne leur restait, pour se marier, d'autre forme que celle des sociétés primitives ; que le consentement des parents et des parties, et la cohabitation sous le nom de mari et de femme formaient pour eux le mariage, la loi n'ayant pu entendre qu'ils ne se mariassent point.

Peu content de ces précautions, Ambroise fit venir des consultations des diverses universités d'Allemagne et surtout de ces écoles célèbres où l'on enseigne le droit naturel, base de tous les droits possibles qui s'en sont prodigieusement écartés. Elles furent d'un avis plus favorable encore, parce que, disait Ambroise, elles n'avaient point de préjugés à ménager. Il écrivit en Hongrie où il y a dix-huit cent mille protestants, et leur fit demander s'ils étaient illégitimes ; ils répondirent que non ; qu'on n'avait pas assez d'esprit dans leur pays pour imaginer ces distinctions subtiles. Il écrivit enfin à Rome, dont les opinions règlent celles de l'univers ; il demanda ce qu'on y pensait sur le mariage, ou au moins ce que l'on y faisait, car il n'est pas nécessaire qu'il y ait de l'accord entre les opinions et les actions. Un vieux docteur de la propagande lui répondit qu'à la vérité on y enseignait que le mariage consiste dans le sacrement, mais qu'au fond ils pensaient qu'un mariage était valide, quoique privé de la grâce sacramentale, lorsqu'il était contracté par ceux auxquels le sacrement est refusé ; qu'ils se conduisaient ainsi avec les Juifs qui portent du commerce et de l'argent dans leur pays dénué d'habitants et d'industrie ; qu'on avait chargé autrefois les Jésuites de forcer les protestants de France à se marier devant le prêtre ; mais qu'on s'en était bien repenti, quand on avait vu que cette opération violente n'avait servi qu'à peupler et à fortifier les pays hérétiques ; que ce n'était pas la seule sottise que les Jésuites leur eussent fait faire, et qu'on ne leur avait pas rendu selon leur mérite.

Muni de ce volume d'autorités, et soutenu par ce qu'il appelait la bonté de sa cause, Ambroise chargea de sa défense un avocat célèbre. Celui-ci plaida avec l'éloquence de la raison et du sentiment : il développa avec clarté et avec force les motifs employés par les plus célèbres jurisconsultes ; un nombreux auditoire l'interrompait par des applaudissements réitérés, et la justice et l'humanité parlant à tous les cœurs, on ne voyait que gens que les sanglots étouffaient, et qui finirent par fondre en larmes. Mais l'avocat adverse cita pompeusement le texte de la loi ; il y ramena constamment son éloquent adversaire ; il soutint gravement qu'il n'y a point aujourd'hui de protestants en France, parce qu'en 1715 la loi disait qu'il n'y en avait pas ; il assura même, d'une manière un peu trop dure, que l'État serait perdu s'il fixait le sort de deux millions d'enfants illégitimes qu'il renfermait dans son sein ; il insinua adroitement que cet heureux désordre faisait naître une foule de procès, et qu'il occupait fructueusement les tribunaux. Il ne convainquit personne, mais Ambroise perdit sa cause. On dit qu'en le condamnant ses juges se couvraient le visage de leur mouchoir pour cacher leur rougeur, et l'on voyait le combat qui se passait intérieurement entre le magistrat et l'honnête homme. Le magistrat l'emporta ; la mémoire de l'épouse d'Ambroise fut flétrie, et son fils déclaré illégitime et inhabile à succéder. On comprend quelle fut l'indignation d'Ambroise. « Retournons, » dit-il, « retournons dans cette terre d'hospitalité, où les droits de l'humanité sont respectés et conservés. Et toi, malheureux enfant, qui éprouves l'infortune avant de la connaître, viens chercher une patrie plus douce, et qui te permettra de recueillir les biens, que ma tendresse te conserve. »

Le soir, Ambroise soupa avec deux ou trois de ses juges. Ils convinrent de bonne foi que la loi qui l'avait condamné était en contradiction avec les lois éternelles de la nature et qu'ils avaient honte d'en être les organes. « Mais que voulez-vous que nous y fassions ? » lui dirent-ils « Nous ne sommes que les exécuteurs et non les interprètes de la loi. » — « Ce que je veux que vous fassiez ? » répondit Ambroise indigné : « je veux que vous fassiez connaître, au monarque que l'on trompe, l'abomination de ces lois que vous exécutez en son nom ; qu'il entende, de toutes les parties de son royaume, la voix des magistrats chargés de lui représenter tout ce qui fait le malheur de ses peuples ! Cette voix ne lui sera point suspecte ; il rendra les droits de l'humanité à des malheureux qui en sont privés. Vous jouirez à la fois, et du plaisir de ne plus prononcer de jugements iniques, et de la gloire d'avoir contribué au bonheur de l'État[2]. Je vois, messieurs, que j'ai été bien trompé, lorsque j'ai jugé de ma patrie d'après les livres qui passaient la mer, et que je lisais à Londres. Tant de philosophie et d'humanité dans les discours m'avait persuadé que j'en trouverais dans les actions, et cependant je vois que les protestants sont toujours sujets à des lois impitoyables. » — « De quoi vous plaignez-vous ? » lui dit en l'interrompant un vieillard très sanguin, qui était assis vis-à-vis de lui ; « on nous rebat sans cesse les oreilles de la sévérité des lois pénales ; cependant on sait bien qu'elles ne sont pas toutes exécutées, et que les juges, trop indulgents, les laissent dormir. Il est vrai que de temps en temps nous voyons pendre les prédicants qu'on peut arrêter, et traîner des relaps sur la claie ; mais autrefois cela se voyait presque tous les jours. Ainsi, monsieur, vos plaintes sont fausses et frivoles ! » — « Que faites-vous de ces lois si vous ne les exécutez plus ? » lui dit Ambroise. « Nous les conservons, comme un monument respectable, dans les archives de la législation, et comme un modèle pour la postérité, auprès de laquelle nous ne pouvons avoir de plus beau titre. Nous les tenons en réserve pour les exécuter quand la fantaisie nous en prendra. Si malheureusement on venait à les révoquer, les protestants se livreraient plus que jamais à l'espoir d'une tranquillité qu'il serait absurde de leur accorder ; les exilés reviendraient dans leur patrie ; ils se jetteraient dans le commerce ou dans l'agriculture qui fleurissent déjà assez parmi nous ; et la postérité nous reprocherait avec raison cette faute grossière. Les protestants sont aussi heureux qu'il est nécessaire ; et si vous en exceptez la liberté de conscience, celle de leurs biens, la sûreté de leur état, la libre possession de leurs enfants, le choix des professions et des métiers, ils sont traités à peu près comme le reste des sujets. »

Les juges d'Ambroise se turent, parce qu'ils virent que tout le reste de la compagnie admirait le bon sens du vieillard. On convint qu'il n'y avait que le siècle de Louis XIV dans lequel on sût raisonner de cette force-là. De conséquences en conséquences, on en vint à regretter amèrement les belles choses que Louvois et le père La Chaise avaient exécutées et dont la mémoire serait éternellement en bénédiction. Ambroise, ne pouvant plus y tenir, avait disparu ; et la compagnie continua à s'occuper des projets que chacun mettait sur le tapis. Le vieillard, qui rayonnait de gloire et de vin, proposait des moyens, tous plus ingénieux et plus pacifiques les uns que les autres, de ramener les mécréants. Il parlait avec tant d'enthousiasme des massacres qui avaient été faits en Irlande, en Bohème, en Piémont, en Calabre ; des bûchers qui avaient été allumés pendant plus de cent ans, des gibets, des roues, des tortures et des galères, que toute la table en était émue. On convint que les temps présents étaient des temps de mollesse, où l'on ne se soucie plus du bien. On traita avec le mépris qui lui est dû cette paisible politique qui tolère les opinions innocentes qu'il n'est pas en son pouvoir de changer ; mais tout en louant les persécutions, on n'y voyait qu'une petite difficulté : c'est qu'il faudrait approuver la conduite des Nérons, des Décius, des Juliens. Le vieillard leva fort aisément cette difficulté en disant que les Romains n'avaient pas le droit de persécuter, parce qu'ils étaient dans l'erreur ; mais que les Français l'ont, parce qu'ils tiennent la vérité. On fut enchanté de cette solution sans réplique, et l'on se retira.

Sur le matin, Ambroise fut fort surpris de voir entrer dans sa chambre un des convives de la veille ; il venait l'avertir que le vieillard, en se levant de table, était monté dans sa chaise de poste, et qu'il y avait tout lieu de croire qu'il était allé à Montpellier pour solliciter une lettre de cachet contre lui. L'Anglais (car Ambroise l'était plus que jamais) demanda ce que c'était qu'une lettre de cachet ? On le lui expliqua aussi intelligiblement qu'il est possible de le faire à un Anglais ; et Ambroise instruit partit dès le lendemain avec son fils pour l'Angleterre.

Arrivé à Londres, il fut visité de tous ses amis ; il versa quelques larmes avec eux ; il convint de bonne foi qu'il ne fallait pas juger d'une nation par ses livres ; et il jura de ne plus sortir de Londres. Il a tenu parole : parvenu à l'âge de cent trois ans, il a toujours conservé le libre usage de sa mémoire, où étaient gravées toutes les déclarations du roi et la longue liste des maux qu'elles lui avaient occasionnées. L'on dit pourtant que son dernier soupir s'est porté sur la France, et qu'il est mort en prononçant les noms de Henri IV et de Louis XVI.

FIN.

1. ↑ Déclaration du roi, 13 décembre 1698, art. VII. Du 14 mai 1724, art. XV.
2. ↑ Le vœu d'Ambroise Borély n'a été accompli qu'au bout de cinquante ans, parce que les esprits restent longtemps à se former, et qu'ils ont été occupés de beaucoup d'affaires plus importantes que celle-ci. Sur la motion du sage et vertueux M. Robert de Saint-Vincent, le Parlement de Paris a supplié le roi de pourvoir aux mariages et à l'état civil des protestants de France.

   (Pendant le cours de l'impression de cet ouvrage, les ministres vertueux auxquels Louis XVI a donné sa confiance ont enfin rempli les vœux d'Ambroise, ceux de tous les hommes sensibles et des citoyens éclairés.)